核心素养视域下的高职英语混合式教学创新与实践

张崎静 著

吉林出版集团股份有限公司
全国百佳图书出版单位

图书在版编目（CIP）数据

核心素养视域下的高职英语混合式教学创新与实践 / 张崎静著 . -- 长春：吉林出版集团股份有限公司，2024.3
　　ISBN 978-7-5731-4800-1

Ⅰ.①核… Ⅱ.①张… Ⅲ.①英语—教学研究—高等职业教育 Ⅳ.① H319.3

中国国家版本馆 CIP 数据核字（2024）第 079789 号

核心素养视域下的高职英语混合式教学创新与实践
HEXIN SUYANG SHIYU XIA DE GAOZHI YINGYU HUNHESHI JIAOXUE CHUANGXIN YU SHIJIAN

著　　者	张崎静
责任编辑	赵　萍
封面设计	李　伟
开　　本	710mm×1000mm　　1/16
字　　数	170 千
印　　张	10.25
版　　次	2024 年 3 月第 1 版
印　　次	2024 年 3 月第 1 次印刷
印　　刷	天津和萱印刷有限公司

出　　版	吉林出版集团股份有限公司
发　　行	吉林出版集团股份有限公司
地　　址	吉林省长春市福祉大路 5788 号
邮　　编	130000
电　　话	0431-81629968
邮　　箱	11915286@qq.com
书　　号	ISBN 978-7-5731-4800-1
定　　价	62.00 元

版权所有　翻印必究

作者简介

张崎静,女,汉族,1980年6月生,江苏省扬州市人,毕业于扬州大学,硕士。现任教于扬州工业职业技术学院,副教授,BEC口试考官。研究方向为高职英语信息化教学,跨文化交际。主持并完成江苏省教改课题一项、全国高职外语教学改革课题重点课题一项、江苏省社科联研究课题两项、江苏省高校哲社科课题两项、江苏省现代教育技术课题一项、扬州市"软科学"研究课题一项、扬州工业职业技术学院教改课题两项。荣获江苏省高等职业院校信息化教学大赛一等奖,江苏省职业院校教学大赛二等奖,中国外语微课大赛全国三等奖、江苏省一等奖及二等奖各一次,全国职业院校外语课程思政优秀教学案例征集与交流活动江苏省一等奖,扬州市高校优秀教学案例评审三等奖。发表论文十余篇。

前言

随着计算机多媒体技术的迅速发展与广泛应用,教育理念发生了深刻转变,网络化教学方式应运而生。这在很大程度上转变了以往教学中的师生关系,学生在课堂中处于主体地位,并充分发挥自身的主观能动性,学生的英语日常交流能力、人文素养以及简单阅读能力均得到了显著提升。但是多媒体教学自身也存在一些弊端,因此任课教师必须将多媒体教学与传统教学中的优势进行有机结合,切实促进教学质量的提高。高职英语的学科核心素养是由以语言为核心的学科教学向以人的发展为核心的学科教育的转变。这一理念的转变适应了社会对复合型、创新型和应用型技术技能人才的要求。

基于"互联网+"环境下所构建的高职英语线上、线下混合式教学模式,即在授课课堂中,教师借助多媒体设备为学生讲解书本中的专业知识、利用平台跟读及单词任务数据反馈等手段对课堂效果进行监控的同时,在课下还可以借力学习平台中丰富的网络教学资源,结合高职各专业不同学生的英语学习特点和能力开展分别和补充教学。学生使用在线学习平台进行课堂知识点的巩固、练习提升、语篇书写,获取听、说资源,提升口语和阅读能力,在整个高职英语教学过程中实现理论与实践教学的优势互补,学生有机会接触和学习更加丰富的英语在线知识,有利于开阔其视野和培养思辨精神、自学能力与创新精神。

本书第一章为绪论,分别介绍了核心素养的概念、高职英语学科核心素养的概念、混合式教学的概念、高职英语学科核心素养与混合式教学双向融合的理论基础四个方面的内容。本书第二章为高职英语教学的基本范式,主要介绍了三个方面的内容,依次是高职英语学科在高职人才培养体系中的作用、高职英语教学现状及问题、高职英语教学趋势。本书第三章为高职英语混合式教学的嬗变过程,分别介绍了三个方面的内容,依次是高职英语混合式教学的萌芽阶段、高职英语混合式教学的探索阶段、高职英语混合式教学的发展阶段。本书第四章为核心素养视域下高职英语混合式教学的挑战与创新，依次介绍了混合式教学给高职英语学科带来的变化、高职英语混合式教学模式面临的挑战、核心素养视域下高职英语混合式教学的创新三个方面的内容。本书第五章为核心素养视域下高职英语混合式教学的实践优化路径，主要介绍了四个方面的内容，分别是从顶层设计层面构建校本课程体系、从教学内容层面实现教学资源共生共享、从教学实施层面进行有效的教学设计、从队伍建设层面实现教师能力提升。本书第六章为核心素养视域下高职英语混合式教学的评价体系和保障条件，两个内容分别为完善评价体系，重视增值评价；协同多技术和平台的支持。

  在撰写本书的过程中，作者得到了许多专家学者的帮助和指导，参考了大量的学术文献，在此表示真诚的感谢！

  限于作者水平有不足，加之时间仓促，本书难免存在一些疏漏。在此，恳请同行专家和读者朋友批评指正！

张崎静
2023 年 3 月

目 录

第一章 绪论 ………………………………………………………………… 1
  第一节 核心素养的概念 ……………………………………………… 1
  第二节 高职英语学科核心素养的概念 ……………………………… 8
  第三节 混合式教学的概念 …………………………………………… 9
  第四节 高职英语学科核心素养与混合式教学双向融合的理论基础 …… 13

第二章 高职英语教学的基本范式 ……………………………………… 57
  第一节 高职英语学科在高职人才培养体系中的作用 ……………… 57
  第二节 高职英语教学现状及问题 …………………………………… 58
  第三节 高职英语教学趋势 …………………………………………… 59

第三章 高职英语混合式教学的嬗变过程 ……………………………… 67
  第一节 高职英语混合式教学的萌芽阶段 …………………………… 67
  第二节 高职英语混合式教学的探索阶段 …………………………… 74
  第三节 高职英语混合式教学的发展阶段 …………………………… 86

第四章 核心素养视域下高职英语混合式教学的挑战与创新 ………… 97
  第一节 混合式教学给高职英语学科带来的变化 …………………… 97
  第二节 高职英语混合式教学模式面临的挑战 ……………………… 105
  第三节 核心素养视域下高职英语混合式教学的创新 ……………… 108

第五章 核心素养视域下高职英语混合式教学的实践优化路径 115
第一节 从顶层设计层面构建校本课程体系 115
第二节 从教学内容层面实现教学资源共生共享 123
第三节 从教学实施层面进行有效的教学设计 127
第四节 从队伍建设层面实现教师能力提升 133

第六章 核心素养视域下高职英语混合式教学的评价体系和保障条件 145
第一节 完善评价体系，重视增值评价 145
第二节 协同多技术和平台的支持 150

参考文献 155

第一章 绪论

本章为绪论，分别介绍了核心素养的概念、高职英语学科核心素养的概念、混合式教学的概念、高职英语学科核心素养与混合式教学双向融合的理论基础四个方面的内容。

第一节 核心素养的概念

最近两年，我们看到"核心素养"这个词不断出现在国内和国外的教育和教学领域，成为一个关键性的热词。同时，广大教育工作者会对这些相关问题进行关注和思考。比如，核心素养的定义、核心素养的起源、核心素养和我国课程改革之间的关系、核心素养和学科教学的关系等。很多一线教师对这些问题非常关注，同时也有很多困惑。因此，系统地梳理核心素养的整体框架对于英语教学改进、课堂革新就显得尤为重要。

目前，不少国家和地区都把核心素养纳入课程改革体系。可见，当前全球化的教育趋势就是从"知识本位"时代走向"核心素养"时代。面对这样的全球化趋势，中国的教育改革自然不能落后。

一、核心素养的发展与演变

核心素养对我们而言有点陌生，但我们对蕴含其中的教育理念、哲学思想并不陌生，因为它由来已久，古今中外早有提及，且无处不在。

在 2000 多年前的西方，苏格拉底、亚里士多德、柏拉图、西塞罗等著名哲学家就提出了"要培养什么样的人"的标准，接着还提出了公民必须拥有正义、智慧、勇敢且懂得节制等德行。

而现代西方，以工业革命的发生和工业社会的到来作为标志，随着分工的具体化和细致化，人们对行业工作人员所必须具备的技能和关键能力越来越重视。进入20世纪，研究者重新思考了素养的概念内涵。他们认为，虽然学科不同，但有一点是他们共同认可的，那就是能力。不同的心理学家在不同的领域里对素养进行了定义。发展科学领域的皮亚杰认为，能力是一般智力，通过同化、顺应双向建构过程，不断实现个体与环境的交互作用，用以建构知识与能力[1]。提出多元智能理论的加德纳则把智力分为9种，分别是语言智能、逻辑数学智能、空间智能、音乐智能、肢体运作智能、人际智能、内省智能、自然探索智能和存在智能。素养是人格中最深层、最持久不变的部分，是一个人具备的外显特质和潜在特质的综合，是某项特定工作所要具备的关键能力。综上所述，我们可以得出这样的结论：现代西方以工业经济为主导，但是对于核心素养的探索和关注依然聚焦在能力，而人才培养过程中所需的情感、态度、价值观等因素并没有被关注。

　　在古代东方，最具代表性的教育思想家孔子对于人的培养相关问题也进行了深入的思考。由此可见，东西方思想家们对人格的健全都十分关注。孔子以及思想家们的传统人才观归纳起来就是"内圣外王""修身齐家治国平天下"[2]，即通过内修的济世功用，以实现个人理想和达济社会，进而达到王道社会。在以农业经济形态为主导的古代社会背景下，先哲们对素养内涵的理解都极其朴素，认为人才的首要标准是要具备高尚的道德品性。比如，把道德教育与修养放在学校教育工作首位的是明代思想家王守仁，他倡导"心学"；明末清初思想家王夫之则提出"立志""自得""力行"[3]。

　　中外古今的哲人们对核心素养的关注都在人格上，但随着全球化、信息化时代的来临，这样的单一要求明显不能适应新时代的多元化需求，传统的能力、技能、知识等概念的内涵都必须获得相应的变化才能跟上时代的步伐。人们提出，素养概念中除了知识和能力，还必须包含态度，人们还对以往的素养概念进行了扩展与升级，并有力论证了关键素养和核心素养。在当代社会背景下，信息化、

---

[1] 辛涛, 姜宇, 林崇德, 等. 论学生发展核心素养的内涵特征及框架定位 [J]. 中国教育学刊, 2016（6）: 3-7, 28.
[2] 曹霞. 课堂内外话管理 [M]. 太原: 三晋出版社, 2009.
[3] 王洪亮. 中国古代教育史简论 [M]. 北京: 星球地图出版社, 2006.

低碳化是主要经济形态，我们要培养的人才必须是高素质人才，这样的人才既是高素质的国民，又是合格的世界公民，这些人才必将能够实现自我价值，同时又能推动社会的和谐发展。要达到这一人才培养目标，必须重视核心素养。

综上所述，核心素养概念的演变与发展是人类社会生产力与生产方式发展变化在教育领域的反映与体现，与社会的进步、经济的发展以及教育改革的深化息息相关。

二、核心素养的内涵与框架

核心素养的概念来自西方，核心素养就是关键素养，其本质就在于"教育要培养什么样的人"的问题。

1997年，经济合作与发展组织国家提出了"核心素养"的概念，并将其视为基础教育的DNA、人才培养的指针。不同国家所提出的核心素养有所不同，但也有一些共通的地方，比如强调合作与交流能力，信息与通信技术的掌握，公民素养，创造性、批判性思维。

联合国教科文组织、欧盟等相继采用21世纪的核心素养来设计所有教育阶段的课程。21世纪的核心素养分为三大类：学习与创新素养，包括批判性思考和解决问题的能力、沟通与协作能力、创造与革新能力；数字化素养，包括信息素养、媒体素养、信息与通信技术素养；职业和生活技能，包括灵活性与适应能力、主动性与自我导向、社交与跨文化交流能力、高效的生产力、责任感和领导力等。

美国、英国、德国、法国、澳大利亚等国家都对核心素养的概念、维度及具体内容进行了界定，对以素养为核心的未来教学和课程给予了高度的关注。

我国对核心素养的关注始于20世纪90年代。1994年8月，《中共中央关于进一步加强和改进学校德育工作的若干意见》第一次使用了"素质教育"的概念。1999年6月，中共中央、国务院召开第三次全国教育工作会议，颁布了《中共中央国务院关于深化教育改革全面推进素质教育的决定》，对实施素质教育进行全面部署。进入21世纪，《基础教育课程改革纲要（试行）》《国家中长期教育改革和发展规划纲要（2010—2020年）》都明确指出中国教育改革发展的战略主题是素质教育，学生发展的重点是社会责任感、创新精神和实践能力。"核心素养的命题是素质教育的延续与坚守，同时又是对素质教育的提升与超越。其具体表现是：'素质'或'素养'的发展都是先天遗传和后天培养相互作用的结果，但素养更强调后天培养，更强调其可发展性。因而，也更强调教育的使命。"[1]

素养与知识、能力、态度等概念不同，它强调知识、能力、态度的统一，超越了长期以来知识与能力二元对立的思维方式，凸显了情感、态度和价值观的重要性，强调了人的反省思考及行动与学习。素养是有机联系的整体，其中的态度因素特别重要。

素养比能力含义更为广泛，它与能力的不同点还表现在，能力既可以是与生俱来的，也可以是后天形成的；素养则是"可教、可学"的，是通过后天学习获得的，它可以通过有意的人为教育加以规划、设计与培养，是由课程教学引导者长期习得的。素养是可以测评的，且需要长期的培养。

核心素养是学生应具备的适应终身发展和社会发展需要的必备品格和关键能力，突出强调个人修养、社会关爱、家国情怀，更加注重自主发展、合作参与、创新实践。核心素养是最关键、最必要的共同素养，是适应于一切情境、所有人的普遍素养，核心素养是一种跨学科素养，它强调各学科都是可以发展的、对学生最有用的东西，是知识、技能、态度的综合表现。有学者认为，核心素养是最基础、最具有生长性的关键素养，就像房屋的地基决定房屋的高度。

虽然各国际组织和国家在核心素养的表达方式上存在差异，但是表达的内容有共同点，即都重视公民关键的、必要的、重要的素养。2014年3月，教育部发布《关于全面深化课程改革落实立德树人根本任务的意见》，首次在国家课程改革的文件中明确使用"核心素养"一词，并把研究学生发展核心素养体系作为落实立德树人工程十大关键领域中的首要环节。

2016年9月13日，中国学生发展核心素养研究成果发布会在北京师范大学举行，会上公布了中国学生发展核心素养的总体框架及基本内涵。研究报告指出，

---

[1] 蒋洪兴，王聚元.学生发展核心素养视域下的课堂教学革新[M].长春：东北师范大学出版社，2017.

核心素养是学生在接受相应学段的教育过程中逐步形成的适应个人终身发展和社会发展需要的必备品格和关键能力。它是关于学生知识、技能、情感、态度和价值观等多方面要求的结合体；它指向过程，关注学生在其培养过程中的体悟，而非结果导向。同时，核心素养兼具稳定性、开放性与发展性，是一个伴随终身可持续发展、与时俱进的动态优化过程，是个体能够适应未来社会、促进终身学习、实现全面发展的基本保障。核心素养不仅能够促进个体发展，同时也有助于社会良好的运行。

培养"全面发展的人"是学生发展核心素养的核心，它包括文化基础、自主发展、社会参与三个方面，综合表现为人文底蕴、科学精神、学会学习、健康生活、责任担当、实践创新六大素养。

综上所述，中国学生发展核心素养既根植于中国传统文化的土壤，又具有宽阔的国际视野、鲜明的时代特性。从内涵上讲，中国学生发展核心素养不仅重视能力，而且重视品格，两者共同支撑，促进人的发展；从功能上看，中国学生发展核心素养不仅具有个人发展价值，而且具有社会发展价值，两者统一，融会贯通，相互促进；从整体框架来看，中国学生发展核心素养由文化基础、自主发展、社会参与三个维度支撑建构，反映了个体与自我、社会和文化的关系。它以丰富的意蕴回答了"教育要培养什么样的人"的本质问题。

三、核心素养与学科核心素养

（一）核心素养和学科核心素养之间的关系

素质教育是一种全新的育人模式，没有固定的模式，基层探索应该是个性化、特色化和多样化的。核心素养的习得与养成要有整体性、综合性、系统性、稳定性、开放性和发展性。基于核心素养的教育改革，将从单一知识、技能转向综合素质，从学科学习转向跨学科学习，从灌输式学习走向探究性学习。具体到课程改革上，将基于学科本质观确立学科素养，基于学科素养来择定学科课程内容，基于学科课程内容来研究学业质量评价标准。核心素养的落实会强化学科素养，学科素养为核心素养的学习提供了一个平台。

（二）英语学科素养构成要素

第一，凝练核心素养，推动落实"立德树人"根本任务。核心素养是知识与技能、过程与方法、情感态度与价值观的综合表现。凝练学科核心素养，厘清本学科教育对学生成长和终身发展的独特贡献，通过基于核心素养的教学，帮助学生形成必备的品格和关键能力。坚持以核心素养为统领，精选课程内容，研制学业质量标准，提出教学实施、考试评价和教材编写的建议。

第二，进一步明确高职英语教育的定位，坚持基础性和选择性的统一。本次修订在强调共同基础的同时，强化课程的多样性和选择性。在课程结构上，适当压缩必修课程的内容和课时，提高选修课程所占的比例；在课程内容安排上，精选必修内容，以强化共同基础。同时，尽可能呈现不同类别和水平，为学生选择课程提供可能，满足学生多样化发展的需求。

第三，研制学业质量标准，明确人才培养要求。各学科以核心素养为统领，将具体教学目标进行水平划分，形成基于核心素养的学业质量标准。该标准不仅要在引导教师把握人才培养要求、把握教学的深度和广度、提高教学设计中发挥作用，而且要在帮助学生学习、进行过程性学业评价、指导学业水平考试和高考命题中发挥作用。

可以看出，英语学科核心素养主要包括四个方面：语言能力、文化品格、思维品质和学习能力。新课程标准对这四个方面做了详细的解释。

第一，语言能力。语言能力即语言运用能力，是指在社会情境中借助语言以听、说、读、写、看等方式理解和表达意义的能力。语言能力是英语学科核心素养的重要组成部分，也是发展文化品格、思维品质和学习能力的依托和基础。

第二，文化品格。文化品格不仅仅指了解一些文化现象和情感态度与价值观，还包括评价、解释语篇反映的文化传统和社会文化现象，比较和归纳语篇反映的文化，形成自己的文化立场与态度、文化认同感和文化鉴别能力。

第三，思维品质。思维品质是人的思维个性特征，反映了一个人在思维的逻辑性、创新性、批判性等方面所表现的水平和特点。不同的语言体现不同的思维特质。学习英语有助于学生提高思维的逻辑性和缜密性，丰富思维的方式，促进多元思维的发展。

第四，学习能力。学习能力是指学生在英语学习过程中逐渐形成的主动学习、积极调试和自我提升的意识、品质和潜能，包括学习态度、兴趣、动机、习惯、意志、方法和策略等维度表征。

综上所述，语言能力，指在社会情境中借助语言来理解和表达意义的能力；文化品格，指对中外文化的理解和对优秀文化的认知；思维品质，指人的思维个性特征在思维的各个方面上的反映情况；学习能力，指学生主动拓宽学习渠道，积极调适学习策略，努力提升学习效率的意识、品质和潜能。

（三）英语学科素养的教学意义

核心素养描绘了我们对新的时代人才培养的美好愿景，而对一线教师而言，更加关心的是核心素养的理论如何落地的问题。换句话说，就是核心素养的理论对教学而言具有什么样的现实意义。

1. 核心素养的理论是素质教育再出发的起点

核心素养强调的不是知识和技能，而是获取知识的能力。核心素养教育模式取代知识传授体系，这将是素质教育发展历程中的一个重要节点，意义深远。

2. 优化日常教学方式

从三维目标走向核心素养，核心素养和日常英语教学密切相关，提升日常英语课堂教学质量是解决英语课堂教学弊端的必经之路。核心素养的建构必然引发我们对课程内容的重新思考和对教学方式的进一步优化，为解决课程改革存在的问题提供思路和途径。

3. 由"学科中心"向"育人"转变

核心素养教育体系的建构具体回答了"培养什么人"的问题，有助于实现从学科中心转向对人的全面发展的关注，为育人模式、评价方式的转型奠定了基础，指明了方向。北京教育科学研究院基础教育教学研究中心英语教研员陈新忠以"开车"为例，生动地说明了"人的培养"这个问题。

无论是否会开车，每个人都或多或少知道一些关于开车的知识。比如，开车时要手握方向盘，要在必要的时候为汽车补给燃料。拥有了一定的驾驶知识，而后经过考试并取得驾驶证的人则掌握了驾驶技能。但是，有些现象值得我们思考，即使拥有了驾驶知识并掌握了驾驶技术，部分驾驶者仍不敢在实际道路上驾驶。同样是驾驶，不同驾驶者也有不同的表现，比如有些驾驶者展现了"不讲原则、没有礼貌、野蛮驾驶"等不文明的行为。这个例子不禁引起我们思考：我们的教育教学到底要培养学生成为一个有知识、有技能的人，还是成为一个合格的、有礼貌的"驾驶者"？答案不言而喻。知识与技能一定要有，但教育的最终目标要落在"素养"二字上。又好比我们在"择友"或是"择偶"时，一定会从人本身出发，首要考虑的一定是对方的"人格"与"品质"，而非他（她）所掌握的知识与技能。

4.追求新的教学模式和学习方式

"英语学科核心素养"引导着每一位教师重新审视学科内涵，语言能力、文化品格、思维品质和学习能力所承载的内涵既是教师在日常教学中应做之事，也是学生在学习结束后要保留的、对人生发展起到重要作用的内容。以阅读教学为例，英语教学最大的意义并非简单带领学生理解文章，更重要的是学生在课堂中理解了文本的意义后是否能够反思自己的学习方式与学习策略，同时对文本保持批判、开放的学习态度，是否能够在不断反思自己学习活动的过程中成为积极的学习者。核心素养正在从以教师为中心向以学生学习为中心转变，从以碎片化学习向整合化、情境化和结构化学习转变，从以学科知识为本向以学科育人为本转变。在解决实际问题时，教师应帮助学生提高用英语进行理解和表达意义的能力，塑造正确的文化价值观，实现语言能力、文化意识、思维品质和学习能力等学科素养的协调发展。

第二节　高职英语学科核心素养的概念

2021版《课程标准》认为，学科素养是学生通过课程学习而培养的正确价值观、必备品格和关键能力。结合职业教育的特点，2021版《课程标准》将高职英语学科的核心素养分解为职场涉外沟通、多元文化交流、语言思维提升和自主学习完善四个维度。将提高核心素养、培养能够用英语进行有效日常和职场沟通的高素质技术技能人才是高职英语课程的总目标。为确保总目标的有效实现，2021版

《课程标准》结合高职院校的教学特点，针对每一项核心素养制定了相应的分目标。

第一，职场涉外沟通目标。职场涉外沟通能力是职场情境下的英语理解、沟通和表达能力。扎实的英语听说读写能力是全球视野下培养高端涉外技术人才所应具备的基本技能，体现了英语语言的交际功能和高职英语课程的工具属性，是职业院校学生区别于普通高校学生的必备素养。

第二，多元文化交流目标。文化目标体现了英语课程的人文属性。具有社会主义核心价值观、热爱中国文化、能够妥善处理多元文化交际任务的技术人才是社会主义建设的核心力量，是实现高职职业教育培养目标和高职教育改革的意义所在。

第三，语言思维提升目标。思维目标是学生在语言学习和使用过程中所必备的理解、推理、判断等基本能力，体现了语言与思维的内在联系。

第四，自主学习完善目标。自主学习能力是指学生具备独立的学习能力和策略，是在英语学科素养培养过程中其他三项核心素养得以实现的基础条件和保障，也是学生未来职业可持续发展的保障。

第三节　混合式教学的概念

一、混合式教学的源起

20 世纪 90 年代以来，现代信息技术在教育领域的广泛应用给传统教学模式带来了巨大的冲击。通过互联网进行在线学习的方式为学生提供了更多的学习机会和选择，人们开始探索将在线学习融入学校课堂教学的方法，于是混合式教学便应运而生。有必要指出的是，国内外学者通常用"blended learning"同时指代"混合式学习"和"混合式教学"，但实际上这种用法具有一定的误导性。"blended learning"主要是从"学"的视角强调学生获得了一种新的学习途径和体验，但混合式学习也是教师对教学进行重新设计的结果。因此，聚焦教师的教学决策，将混合式教学翻译为"blended teaching"更为准确。混合式教学顾名思义就是混合使用教学模式，然而，混合式教学并不是两种教学模式的简单叠加，而是把技术的潜能与课堂学习环境的优势结合起来。

美国克莱顿·克里斯坦森研究所给出的混合式学习定义是被广泛采纳的混合式学习定义之一，其由三个部分组成，即自主在线学习、在接受监督的教学场所的学习和整合性的学习体验。具体而言，学生的学习过程至少有一部分是在线进行的，并且学生可以自主控制学习的时间、地点、路径或进度。与此同时，学生的学习活动至少有一部分是在实体教学场所进行的，在那里学生可以与其他同学真实互动，并得到教师的指导和帮助。最重要的是，在线学习与课堂学习的内容和难度等级应该是递进的，它们共同构成一个整合性的课程。这就需要教师跟踪每个学生的学习进程，并设法使其与学生的学习需要和能力相匹配。

根据混合式学习的定义，混合式教学也包括三个组成部分：在线教学、课堂教学和整合性课程教学。在开展在线教学时，教师需要布置在线学习任务，并尽可能让学生自主控制学习的时间、地点、路径或进度，以个性化的在线学习方式激发学生的学习兴趣。在组织课堂教学时，教师应更多采用探究式、项目式等教学方法，促使学生积极运用高阶思维构建意义。最为关键的是，在线教学与课堂教学应紧密对接、有机结合。在线学习不是课堂教学的补充，课堂教学也不是在线学习的重复。在线教学是课堂教学的起点和基础，课堂教学是在线教学的拓展和延伸。与此同时，教师需要跟踪学生的学习进程，利用学生的学习数据不断更新教学计划，将学生由浅层学习引向深度学习。

二、混合式教学设计的要素

混合式教学设计主要包括以下要素：

（一）课程教改思路设计

课程教改思路设计是对整门课程实施混合式教学的理论依据、教学目标、教学背景、学情特点、课程平台、教学内容、教学资源、教学方式和考核方案等要素的逻辑关系进行系统化设计。

（二）教学目标设计

教学目标设计是根据专业人才培养方案对课程功能定位的要求，通过组织有关教学活动预期要达到的结果和目标而进行的思考和设计，包括对整门课程教学的知识目标、能力目标和素质目标进行的设计。混合式课程教学目标设计是混合式课程教学活动的出发点和落脚点，混合式课程教学活动都是围绕其教学目标而开展的。

（三）教学内容设计

教学内容设计是根据专业职业岗位工作能力的需要和学生认知规律而对教学的内容进行选择、组织和优化，使之成为与工作过程对接的项目化、任务化和问题化的教学内容体系。

（四）教学资源设计

教学资源设计是为了达到使学生便于学习、理解和掌握有关知识与技能的目的，而对课程平台教学资源进行的可视化、直观化、形象化和结构化设计。

（五）教学方法设计

教学方法设计是为了达到最佳的教学效率和效果，根据教学目标要求、课程知识特点以及学生的学情与认知规律等，对教学步骤、教学方法和教学手段等进行的设计。

（六）考核方法设计

考核方法设计是对学生学习过程和学习效果进行考核和评价的设计。

三、混合式教学与传统教学的区别

混合式教学在《"十三五"教育信息化规划》颁布后逐步普及，各院校对混合式教学的推广工作高度重视，开展了大量有关混合式教学的学习培训。本书列举了混合式教学模式与传统教学模式在四个关键维度上的差异，以便帮助高职教师更清晰地辨别两种教学模式的不同。

（一）维度一：概念上的差异

混合式教学是指基于现代信息技术，依托网络平台，把课程延伸到网络虚拟时空。总的来说，混合式教学是在传统线下教学的基础上，融合网络上优秀的教学资源，利用现代化的教学工具交错开展线上教学。这种教学模式让学生不仅可以在面对面课堂中学习，而且还能自主地利用丰富的网上资源进行学习，进而实现个性化的学习。

传统教学有固定的时间、地点、工具，采用以教师为核心，以教材为载体，学生被动参与的班级授课模式。这种模式下教学效率十分高效，教师主导作用易发挥，但是学生处于被动接受知识的状态，其个性化与个体能动性不易得到发挥。

（二）维度二：特征上的差异

1. 高职传统教学的特征

第一，传统教学模式下教学的时间、地点、工具、人员、场地固定。第二，教师在传统教学模式中占主导地位，其不仅是知识的传授者，还掌控着教学时间的长短，影响着学生掌握知识的深浅。第三，传统教学模式是高效率地获得人类历史中知识与经验的有效途径与方法。第四，传统教学模式不利于学生自学、自研能力的提高。第五，传统教育模式并不是"满堂灌"的教育模式，它有缺陷，但也有高效率的优点。

2. 高职混合式教学的特征

第一，混合式教学是通过两种途径开展教学，即"线上"和"线下"。第二，"线上"是教学的必备活动。第三，"线下"不是传统模式的平替，而是基于"线上"成果更加深入地学习。第四，"混合"是狭义的，即"线上＋线下"，不涉及教学理论、策略、方法、组织形式的混合，并且在广义上理解"混合"没有任何意义。第五，教学模式不固定、不统一，但在追求上一致，要求发挥"线上"和"线下"的优势，转变传统教学中存在的学习主动性不高、参与度低，以及不同学生接受的教育方式差异化不大等问题。第六，混合式教学核心价值体现在对传统教学的时间、空间进行了拓展，"教"与"学"现在不需要在同一时间、地点发生。

（三）维度三：目标上的差异

1. 高职传统教学的目标

第一，教学目标中的知识全面、明确、系统性强。第二，能短时、高效、低成本地有效传授知识。第三，倡导学生全面发展。第四，对于因材施教、学生个性化发展有要求，但要实现比较困难。

2. 高职混合式教学的目标

第一，使学生能主动地参与学习。第二，让学生认识到学习是循序渐进积累经验的过程。第三，针对不同类型知识的学习提供不同类型的学习方法与条件。第四，教师的教学要遵循教学规律，同时教学也是给予学生及时、准确的外部支持活动。

（四）维度四：教学模式上的差异

1. 高职传统教学采取面对面的班级授课模式

基本模式如下：第一，课前预习，学生自行探索（资源有限制，无法进行充分预习）；第二，面对面授课，课堂由教师把控（难以开展满足学生个性化需求的教学）；第三，教师布置任务，学生自行完成（教学反馈的时效性较差）。评价方式多以考试分数、作业评分为主，即以终结性评价为主。

2. 高职混合式教学采用线上线下交错模式

基本模式如下：第一，线上虚拟课堂，学生先行探索（线上有资源，线上学习）；第二，线下真实课堂，师生研讨协作（线下有活动，线下学习）；第三，线上虚拟课堂，学生拓展巩固（线上有反馈，线上学习）。整个过程有评估，且线上、线下评估具有同等效力，评价方式多元化，实现了形成性评价和终结性评价相结合。

第四节　高职英语学科核心素养与混合式教学双向融合的理论基础

一、多元智能基础理论

（一）走进多元智能理论

1. 多元智能的源与起

（1）智能理论的发展

①传统的智力定义

对智力的定义一直是仁者见仁、智者见智，不同的学者有不同的观点。在心理学的发展历史上，智力的定义一直不是唯一的。1921年举行的一次国际学术会议上，讨论的主题就是智力的定义以及智力的测量。在大会上一些著名的心理学家给智力下了不同的定义，归纳起来有以下四种观点：

第一，智力是抽象思考和推理能力，以比内和西蒙为代表。

第二，智力是学习的能力，以推孟为代表。

第三，智力是个人适应新环境的能力，以品特那为代表。

第四，智力是根据事实和真相做行动决定的能力，即智力是解决问题的能力，代表人物为桑代克。

②传统智力定义的弊端

以心理测量为基础，试图寻找智力的各种构成因素的传统智力观对智力理论的发展起到了积极的推动作用，但是随着时代的进步，其局限性也愈加明显。在有代表性的四个定义中，尽管第四种定义概括出了智力的本质，但在当时并没有成为主流。在当时的情况下，由于第一种定义下的测量极为有效，致使第一种观点相当流行，甚至走向了智力就是智力测验所测的东西的极端定义中。传统智力定义的突出问题表现在以下三点：

第一，智力的内涵过窄。传统智力不仅内涵贫乏而且结构单一。传统智力观仅局限于学业智力，而事实并非如此，观察力、记忆力、想象力及思维能力远未涵盖智力的所有成分，学业智力仅是智力范畴的一个组成部分而并非全部。因此，以这种智力观为理论基础的教育，也必然会把学生智力的发展局限在学业智力的范畴，从而导致其内涵和结构的明显偏狭性。

第二，割裂了智力与现实世界的联系。传统智力可以较好地预测个体的学业成就，但难以预测个人在生活及事业上的成功。

第三，忽视了智力活动的动态过程。传统智力观只注重可观察的外部行为结果，忽视了内部的意识过程。它关注从智力活动的结果进行分析研究，描述的仅仅是智力的静态结构，忽视了智力活动的内部过程，无法说明情绪等非智力因素对智力的影响，难以揭示智力的本质和活动规律。

综上所述，由于传统智力理论仅限于学业智力范畴、仅以学业成绩作为评价标准、仅通过传授学业知识发展学生智力等，对学生智力的发展造成了直接的不良影响。

（2）当代智能测验受到质疑

从 1905 年法国心理学家比内（Binet）和他的助手西蒙（Simon）研制出第一个智能测验以来，有无数的文章、书籍都是讨论智能测验的。这些论述提高了智能测验的科学地位和学术价值，同时也使智能测验广为人知。比内所创立的心理测验的形式和测验的内容为编制心理测验树立了一个范式，深深地影响着测验的编制者们，这种影响虽然起到了积极的作用，但也不可避免地带来了一些局限性。

在一些领域都在使用智能测验，如学校、临床和其他生活领域。智能测验不再只是心理学领域的研究成果，而是成为和社会、生活联系越来越紧密的事情了。伴随测验的使用，人们对测验的质疑也多了起来。尤其是在教育领域对智能测验和其他教育测验的使用在近些年受到了质疑，人们希望测验可以变得更为灵敏、形式更新、更好、更能反映智力的实际情况。

（3）多元智能发展的背景

①时代背景

随着时代的发展，人类社会由工业社会进入信息社会，科技进步日新月异，知识和信息以指数级数递增。在这种背景下，解决问题、生产及创造出社会需要的产品成为能力的表现，为此，人们的人才观、智力观必然要发生变化。同时，20 世纪七八十年代，世界呈现多元化和一体化共存的状态，在这种状态中的人们，也必然要共同遵守多元化的价值准则，才能在世界发展中进行有效的沟通，因此对人的要求也就有着多元的价值需要。

多元智能的发展在很大程度上取决于教育发展的需要。20 世纪 60 年代以来，世界教育改革渐成潮流，各国都在审视现有教育的基础上着手改革。美国面对着来自其他国家的挑战，也将教育改革提上日程，如何提高教育质量、为国家培养高水平人才成为教育部门切实关注的问题。国家、各州相继提出了教育改革的建议，同时开始高度重视教育标准的问题。一时间，美国上下对教育质量和对教育质量评估体系的重视达到了空前的程度。这种重视的主导思想就是：让每一名儿童都能够学习并且都应该达到学业上的高标准。在这种背景下多元智能理论应运而生。

美国除了追求优质教育、提高教育质量外，还要实现另一个教育理想——教育的民主化，即教育机会均等。也就是让每一个儿童都有平等的成功机会，给每一个孩子提供发展其潜能的机会。为此，关注那些学业失败的儿童成为教育研究的重点，而多元智能提出的以更宽阔的视野看待每一个学生、以各种方式促进儿童的全面发展的理念正符合这种教育理想的需要。

②理论背景

随着心理学研究的深入，对智能的研究也在逐渐走向多元化，不论是对智能定义的阐述还是智力测验的内容都在逐渐摆脱一元化的束缚，心理学家们在试图建立多元化的智能理论。其中较为著名的是加德纳的多元智能理论。

加德纳是美国著名的心理学家和教育家，1943年7月11日出生于美国宾夕法尼亚州斯克兰顿市一个德国难民家庭。他于1965年在哈佛大学取得社会关系学学士学位，并于1971获得发展心理学博士学位，后又在哈佛大学医学院和波士顿大学失语症研究中心做博士后，现为美国哈佛大学教育研究院的研究员，主要从事发展心理学的研究工作。1983年，他出版了《智能的结构》一书，创建了多元智能理论。他曾在1972年到2000年期间担任著名的"零点项目"（Project Zero）的负责人之一，"零点项目"是一个对艺术领域特别关注的人类认知研究组。近年来，他的研究重心主要集中在"好工作项目"上。他在研究生涯中著述颇丰，共出版了20本书，发表论文和书评400多篇。他的研究工作得到了很多的荣誉，曾获得麦克阿瑟奖、路易维尔大学的吉拉为美亚教育奖、古格汉姆奖，还获得美国心理协会威廉·詹姆斯奖和伯纳德科学新闻奖。

（4）多元智能的研究过程

1979年，荷兰海牙的伯纳德·冯·李尔基金会为哈佛大学教育研究院提供资金，主要用来评估人类潜能与开发方面的科学研究现状，并提出可行的解决方法。于是，各个不同研究领域的专家、教授聚集在一起共同致力于人类潜能与开发的研究工作。加德纳是这些专家中的一员。

加德纳的研究方法有其独到之处，他不是通过自己收集的实验数据来支持和检验他的理论，也不是在学生考试以及与考试分数相关的数据的基础上建立他的理论，而是通过搜索各种包括心理学进展和其他多门学科的与智能有关的文献，来确立有关多元智能的标准。

加德纳汲取智能研究中的认知观点，注意到智能的不同表现方式，不同的智能具有不同的信息加工操作。他认识到：每一种智能都有一种可识别的核心操作或操作系列，它们能对各种特定的信息进行处理。识别出这些核心操作，就可以证明不同种类的智能的存在。这代表在信息加工论的影响下，智能研究有了新发展。

加德纳十分重视智能的生物学基础，他看重千百年来人类对大脑的认识。加德纳认为，不同智能的发展与人类进化及其他物种的进化有关[①]，在进化史上如果能找到某种智能的踪迹，那么这种智能的存在就很有说服力。而且，加德纳把大脑中某个部位的损伤会导致人失去某种智能但不影响其他智能的事实，看作将各种不同智能区分开的有力证据。异常个体在某些智能上超常，而在另一些智能上缺失，也从另一方面提供了智能相对独立的证据。

通过大量的研究，加德纳于1983年出版了《智能的结构》一书，正式提出了多元智能理论。

2. 多元智能的实质与要义

（1）多元智能的内涵

加德纳的多元智能理论为我们提供了一个很好的基础，有利于我们能在每一个孩子身上寻找并培养他们的内在能力。我们的孩子每个人都具有九种智能，我们对孩子的判断不能仅重视他是否有语言天分、是否善于读写、逻辑能力是否强、思路是否清晰、人际关系是否和谐，因为孩子除上述智能以外仍有其他种类的智能。加德纳的理论让我们能够更全面地看待学生，使我们深入挖掘每个孩子的潜能；更让我们从整体上看待一个人，包括弱点和长处，而不是把某些人贴上"学习障碍"的标签。这九种智能是语言智能、音乐智能、逻辑—数理智能、视觉—空间智能、身体运动智能、人际智能、内省智能、自然观察智能和生命存在智能。这里着重介绍前八种智能。

①语言智能

语言智能是指运用语言思维、语言表达和欣赏语言深层内涵的能力。也就是口头语言及文字语言的运用能力。这项智能包括把语言的结构、发音和意义等知

---

① 钟祖荣，伍芳辉. 多元智能理论解读[M]. 北京：开明出版社，2003.

识结合起来并运用自如的能力，而且涉及人们对口头语言和书面语言的敏感程度、学习多种语言的能力，以及使用语言达到某个目的的能力。通常说来，律师、教师、演说家、作家和诗人都是具有较高语言智能的人。

加德纳认为，语言一直是人类社会发展不可或缺的"人类智能的卓越典范"[①]。对一般人而言，语言所起到的作用体现在：语言的口头运用，即我们运用语言说服别人采取行动的能力，这是每个人都需要的一个最普遍的功能；语言的记忆潜力，即使用语言工具帮助一个人记忆信息的能力，具有增进记忆的功能，人们可以借助于语言将自己的所见所闻记录下来；语言的解释作用，即运用书面语言来替代口头教导方式，现在很多知识都是通过语言来传递的；反省功能（运用语言反省语言本身），即运用语言反省语言的能力。

语言智能较强的人在说明一项事物时，可以讲得条分缕析、深入浅出，并能适时列举适当的例子，让人一听或一读就懂；擅长以语言带动他人的情绪或说服别人接受自己的观点，善于运用语言记忆信息或讲述语言本身。语言智能强的孩子可以通过说话、倾听和阅读来学习。对这样的孩子可以通过增加说话的机会，阅读丰富的书籍，聆听录音和写作来调动其学习。

语言能力较强的人可能显示出以下特征：

能够倾听并反应口语的声音、节奏及变化；能够模仿他人的声音、语言、阅读及写作；通过倾听、阅读、写作与讨论来学习；能够有效地倾听，可以很快地理解、释义、分析并记住别人所说的内容；能够有效地阅读，理解、概括、分析或解释，并记住所阅读的内容；能够结合不同目的针对不同听众有效地"说话"，能够随机应变，简明、扼要、有说服力或热情地"说话"；有效地"写作"，能了解并活用语法规则、拼写、标点，也能有效地运用词汇；显示出学习其他语言的能力；有效运用听、说、读、写进行记忆、沟通、讨论、解释、说服、创造知识、建构意义以及对语言本身进行反思；致力于增强自己语言运用的能力；对新闻杂志、诗歌、讲故事、辩论、演讲、写作或编辑等有浓厚的兴趣；创造新的语言形式、创作文学作品或口语沟通作品。

---

① 琳达·坎贝尔.多元智能教与学的策略 发现每一个孩子的天赋[M].北京：中国轻工业出版社，2001.

②音乐智能

加德纳在其书中将音乐智能放在第二位进行分析，可见他对音乐智能十分注重。音乐和语言一样都有着久远的发展史，而且他们可能源于同一种表达媒介——声响的表达。

音乐智能指的是个人感受、辨别、记忆、改变和表达音乐的能力，表现为个人对节奏、音调、音色和旋律的敏感以及通过作曲、演奏和歌唱等形式来表达自己的思想或情感。音乐智能在作曲家、音乐评论家、歌唱家、演奏家等类人身上表现得特别明显。

加德纳分析了在音乐方面具有突出贡献的人们对音乐的运用，从而归纳出音乐能力的核心要素。人的音乐智能主要有三个层面：对音乐有敏锐的感受，能够准确无误地唱出或以乐器演奏出曲调，制作曲调。

音乐智能较强的人一般显示有以下特征：

有兴趣聆听并反应各种声音，包括人类的声音、周围环境的声音和音乐，而且能把这些声音组成有意义的形式；乐于并寻找机会倾听音乐或周围的声响；渴望沉浸于音乐中；仰慕音乐家，并能从中学习；能够以指挥、表演、创作或跳舞等动作表现音乐，情感方面能体会音乐的情调和节拍；理智方面能讨论并分析音乐，并且能从美学的角度评价并探索音乐的内容及意义；能够辨认、讨论不同的音乐风格、类型及文化差异；有兴趣探讨人类生活中音乐所产生的持久的重要作用；喜欢搜集音乐及各种形式的音乐信息；搜集并演奏乐器；发展歌唱及独奏或合奏一种乐器的能力；能够使用音乐的词汇和符号；形成了个人听音乐的特殊爱好模式；喜欢模仿和欣赏各种声音，只要给出音乐片段，就能用某种方式表现出有意义的音乐；对作曲家在音乐中所要传达的思想有自己的理解，能够对音乐片段进行分析和评论；对与音乐相关的职业感兴趣，比如：歌手、乐器演奏家、声音工程师、音乐制作人、音乐评论家、乐器制造者、音乐教师或指挥家；创作音乐作品及（或）新的乐曲。

③逻辑—数理智能

逻辑—数理智能（logical-mathematical intelligence）是指有效地运算和逻辑推理的能力，它表现为个体对事物间各种关系，如类比、对比、因果、逻辑等关系的敏感，以及通过数理运算和逻辑推理进行思维的能力。这种智能包括三个相互关联的领域，即数学、科学和逻辑。一般来说，科学家、数学家、逻辑学家、物理学家、天文学家、统计学家、会计师等就是这类智力高的人。由于逻辑—数理智能高的人对数学特别敏感，喜欢进行推理、假设，具有强烈的探索欲望，所以人们又通常称这种智能为科学分析的能力或科学推理的能力。

逻辑—数理智能涉及许多构成要素如数字运算、逻辑推理、问题解决及对模型和关系的辨别等。数理能力的核心内容是发现问题和解决问题的能力。

逻辑—数理智能较强的人显示有以下特征：

理解环境中的物体及其功能；熟悉数量、时间和因果的概念；能够使用抽象符号来代表具体事物和概念；显示出解答逻辑问题的技能；善于理解形态和他们之间的关系；善于提出并检验假设；善于使用各种数学技能，如评估、运算规则、解释统计数据及图表信息；乐于进行复杂的运算，如计算、物理、程序设计或研究方法；通过搜集证据、形成假设、建构模式、发展例证、建立强有力的论点进行数学思维；运用技术解决数学问题；对会计、计算机技术、工程和化学等职业有兴趣；在科学或数学上，乐于创造新的模型或有敏锐的洞察力。

④视觉—空间智能

视觉—空间智能作为一种有着悠久历史的智能，很容易在现有的人类文化中观察到。这种智能在许多科学领域的发展上都起到了重要的促进作用，爱因斯坦在读欧几里得的著作时便着了迷，强烈吸引他的正是视觉与空间形式及与此相关的一些内容。科学家和发明家在进行科学研究时，也经常借助于鲜明形象的呈现来解决问题，如开普勒发现苯的环状结构就是因为受到扭曲的蛇的形象的启发。在艺术方面，空间思维的重要性显得尤为突出，绘画、雕塑、设计等都是需要对视觉和空间的世界有极敏锐的感受。

视觉—空间智能是指对视觉性或空间性的信息的感觉能力，以及把所感觉到的信息表现出来的能力。其核心成分包括了精确感觉物体或形状的能力，对感觉到的物体或形状进行操作或在心中进行空间旋转的能力，在脑中形成图像以及转换图像的能力，对图像艺术所表现的视觉与空间的张力、平衡与组成等关系的敏感性。这种智能在从事某些职业的人们身上会有超常的表现，如航海家、飞行员、雕塑家、画家和建筑师等在他们各自的领域所表现的智能是常人所不能及的。视觉—空间智能使人能够直觉到外在和内在的图像，能够重现、转变或修饰心理图像，不但能够使自己在空间自由驰骋、能有效地调整物体的空间位置，还能创造或解释图形信息。视觉—空间智能是人们生活学习的基本智能，更是艺术、科学、数学乃至文学不可或缺的。

视觉—空间智能较强的人显示有以下特征：

观察能力强，善于辨识面貌、物体、形状、颜色、细节和景物；在空间中能有效地活动和移动物体，如移动身体，穿越洞穴；在没有足迹的森林中找到出路；在拥挤的道路上自如地驾车，或在河流上驾驶独木舟；能够感知和创造心理图像，善于进行图片思维并能觉察细节，在回想信息时可用视觉映象来辅助；能够解释坐标图、图式、地图和图表。善于通过图形标识或视觉媒介学习；喜欢涂抹、素描、绘画、雕塑或以其他看得到的形式复制物品；喜欢制作立体物品，如折纸及模拟桥梁、房屋、容器。能够在脑海中改变物体的形式，如将一张纸折成复杂的形状且能够看到它的新形象；可以在脑海中进行空间移位，并能决定它们和其他物体的互动关系，如同看到齿轮带动机械零件的运转情形那样；可以用不同的方式或新的观点看待事物，如不仅可以看到某个形状，还可以看到形状周围的空间背景，或可以探测到隐藏在物体后面的形状；可以同时感知到鲜明而细微的形态；可以创造出信息的具体的或形象化的特征；善于再现和抽象设计；表现出能够成为一名艺术家、摄影师、工程师、映象师、建筑师、设计家、艺术评论家、航行者或其他形象类倾向职业的兴趣和技能；创造新的视觉空间媒体或艺术方面的原创作品。

⑤身体运动智能

身体运动智能指的是人的身体协调、平衡能力和运动的力量、速度、灵活性等，表现为用身体表达思想、情感的能力和动手的能力。在体育、舞蹈等活动上，这种智能体现得最为明显。舞蹈家、运动员、外科医生、服装设计师、手工艺术师、机械师等都表现出高度发达的身体运动智能。

身体运动智能的核心要素包括：有效地控制身体运动的能力、熟练地操作物体的能力以及体脑协调一致的能力；有效地控制身体运动的能力就是指善于运用整个身体来表达想法和感觉的能力；熟练操作对象的能力，既包括手指与手的精细动作能力，也包括身体的大肌肉动作。

身体运动智能较强的人显示有以下特征：

通过接触和动作探索环境和物体，喜好触摸、控制和摆弄所学对象；具有较强的协调性和时间感；在直接投入和参与过程中体验最好；喜爱具体的学习经验，如实地参观、建造模型，或参与角色扮演、游戏、装配物件、身体运动；在局部或整体动作活动中都显示出灵活性；能够敏锐地感受物理环境和物质系统；在演出、运动、缝纫、雕刻或键盘输入工作中有不同寻常的表现；在身体动作中显露平衡感、优雅、灵活和精确；具有协调身心和展现精细及完善身体的能力；理解健康身体的标准，并依此标准生活；对从事运动员、舞蹈演员、外科医生或建筑师等职业感兴趣；能够创造新的身体技能或创作新的舞蹈、运动或其他身体活动。

⑥人际智能

在人格的发展中有两个发展方向：一种是一个人内在方面的发展，另一种是转向外部、转向其他个体的发展。向内在方向发展的就是内省智能，而转向外部的就是人际智能。这里我们先来谈谈人际智能。

人际智能是指辨识与了解他人的感觉、信念与意向的能力，其核心成分包括了注意并辨别他人的心情、性情、动机与意向，并作出适当反应的能力。人际智能发达的人，往往善于察言观色、善解人意、与人相处融洽，通常还有很好的组织能力和领导能力。

⑦内省智能

内省智能是指一个人的自知与自处能力，能统领自我内在的世界，尤其是情感与情绪的辨识和调整；或指接近自己内在生活情感的才能，是对人的内心世界的认知。一个具有良好个人内在智能的人，能较好地把握自己，并且对自己有积极的看法。有相当一部分人自我认识能力强，善于分辨自己的心理状态，知道自己的长处和短处。自我认识智能就是个人了解自己，了解自己的欲望和目的，并且能够了解自己的弱点和错误，正确理解自己，能够计划和解决实际问题的能力。

内省智能包括人们的思想和感受。一旦把它们带入意识，就可以使人们的内在世界与外在经验产生联系。有时,当我们不自觉地做某件事时,有意识地停一下,再重新来做,并仔细地、谨慎地观察自己的行为,会对我们非常有帮助。这是一种批判性的自我观察方法,这种方法更能让我们意识到内在的世界,这对师生来说都是同等重要的觉醒。

内省智能的核心要素包括意识到自己的心理活动及其原因,理解他人的思想、情绪、情感以及依据对自己的认识和对他人的理解指导自己的行为。它对于确定自己的工作目标、调节自己的情绪以及应对困难都起着重要的作用。

⑧自然观察智能

自然观察智能是指对周围环境里的动物、植物、人工制品,及其他事物进行有效辨识及分类的能力。具体地说,自然观察智能不只包括了对动植物的辨识能力,也包括了从引擎声辨识汽车,在科学实验室中辨识新奇样式,以及艺术风格与生活模式的察觉等能力。这种智能在植物学家和厨师身上有重要的体现。

加德纳认为这种智能的核心是一个人"能够辨识植物,对自然万物分门别类,并能运用这些能力从事生产"[①]。自然观察智能较强的人显现有以下特征:兴致盎然地探索人类和自然的环境;善于寻找机会,观察、识别、接触和关注事物;能够根据物体特征对其进行分类;善于确定种族成员间的关系或事物类别;探索动植物的生命周期及人类产品的制造;希望了解"如何运用事物";对系统的变化和演变感兴趣;对于物种间或自然和人类社会系统间的关系感兴趣;运用显微镜、望远镜、观察笔记和电脑研究组织和系统;学习动植物、其他语言结构或数学模型等的分类;对生物学、生态学、化学、动物学、森林学或植物学等学科表现出兴趣;提出事物或系统发展分类的新方式、生命循环论或发现新的模型和关联。

发展学生的自然观察能力并不一定局限于自然世界,因为自然观察智能的本质是人对周围世界(包括自然和人文)的观察、反应、联结、综合、条理化的能力。从这种观点出发,培养学生的自然观察智能就是要创造环境使学生能够理解事物之间的联系。教师要引导学生学会观察周围的世界,多与自然接触、多到博物馆去学习,要给学生提供机会亲身实践、摸索自然界的规律。

---

① 钟祖荣,伍芳辉. 多元智能理论解读[M]. 北京:开明出版社,2003.

（2）多元智能论的理论要点

除了了解多元智能及其理论架构之外，掌握多元智能理论的一些要点是极为必要的。

每一个正常的人都拥有9种智能。多元智能理论认为每个人在九种智能方面都具有潜质。当然，这9种智能以多种方式起到作用，但对每个人而言，作用的方式都是独特的。一些人看起来在所有智能方面或大部分的智能方面处于极高水平，如德国诗人、政治家、科学家、自然观察家、哲学家歌德。而另外一些人——在发展过程中致残的人，看起来几乎丧失了除最基本智能外的大部分智能。大多数人只是介于这两者之间——在某些智能方面有较高的发展，在某些智能方面适度发展，其余的智能方面则尚未开发。

人类在所有智能中都有创造的可能，然而大部分的人都只能对某些特定领域进行创造。也就是说，大部分的人都只能在一两种智能上表现出优越的能力。比如，爱因斯坦是数学与自然科学方面的天才，然而他在音乐、肢体运作与人际方面却未能有突出的表现。

大多数人都有可能将任何一种智能发展到令人满意的水平。如果给予适当的鼓励，提供丰富的环境与指导，实际上每个人都有能力将所有9种智能发展到一个相当高的水平。

3.多元智能理论与传统智能理论的差异

（1）测验方式的差异

传统智能观点认为智能可以用短小的问题测试，一般可以通过斯坦福—比纳智力测验、韦克斯勒儿童智力表、伍德考克·约翰逊认知能力测试、学术倾向测验来进行。

斯坦福—比纳量表。自从1905年世界第一个智力测验比纳—西蒙量表发表以后，世界各国的测量专家纷纷翻译和修订该量表。其中，以美国斯坦福大学的推孟教授于1916年修订的斯坦福—比纳量表最负盛名。1937年、1960年、1972年和1973年，推孟又对该量表作了4次修订。斯坦福—比纳量表是一个年龄量表。测验时被试者须从合适的年龄组的测验项目开始做起。该量表与其他智力测验一样，需要经过严格训练的人担任主试。由于该量表使用语文方面的材料偏多，因此对语文障碍较大的儿童，不宜用它来测量智力情况。

韦克斯勒儿童智力量表。韦克斯勒是美国纽约市贝勒维精神病医院的主任、心理学教授，兼纽约大学医学院临床心理学教授。1939年，他编制了一套测量16~60岁的成人智力的韦克斯勒—贝勒维智力量表。1967年，他又编制了韦克斯勒学龄前儿童和学龄初期儿童智力量表。韦克斯勒儿童智力量表适用于6~16岁的学龄儿童。WISC有12个分测验。前6个属于语言部分，后6个属于操作部分。这两部分可以分别计分，以便了解被测试儿童各种能力的特点，为教师因材施教提供依据。韦克斯勒儿童智力量表不仅能测量出儿童的总体智商，可以对儿童智力的不同侧面进行诊断，各分测验也可以作为诊断儿童精神是否正常的工具，这是斯坦福—比纳量表所不及的。

认知能力测试是衡量一个人学习及完成一项工作的一种能力的测试。这种测试尤其适合于对一组没有实践经验的候选人做选择时使用，与工作相关的能力可以分为语言能力、计算能力、感知速度、空间能力及推理能力。

多元智能理论认为对个体多元智力的评价能促进学习和问题的解决。多元智能测试不采用简短的问题，因为它们并不能反映对学科知识的掌握和深层次的理解，它们能反映的只是背诵的能力和回答问题的能力。

（2）智能的数量差异

传统智商理论认为人生来就具有一定数量的智能。多元智能理论则认为每个人都拥有9种智能，但其组合不同。也就是说，每个人的智能都是独一无二的，它强调的是个体之间的差异。

（3）智能组成差异

传统智能理论认为智能是由逻辑和语言能力组成的；多元智能理论则认为智能有多种类型，霍华德·加德纳最初提出人有7种智能，后来又提出有8种和9种智能。而且，霍华德·加德纳认为，智能是指在"特定"的文化背景和社会生态中解决问题和制造产品的能力[1]。随着社会的发展，人类的智能可能会越来越多。多元智能理论实际上充分肯定了人类发展的潜力。

（4）变化差异

传统智能理论认为智能水平终生不变。比如一个人的智商是120，那么他的

---

[1] 杨计明.创造性教学[M].广州：广东高等教育出版社，2009.

智商永远停留在这个水平。多元智能理论则认为，由于每个人的智能组合形式各不相同，因此无法比较他们的智能水平。在多元智能理论下，每个人都是聪明的。而且，每个人的智能和智能组合都能得到不断改善。

（5）教授差异

在传统教育中，教师给每个学生讲授同样的内容，教师"教"学生知识。而建立在多元智能基础上的教育则意味着教学与评价要根据学生的智能优势和弱势而定。教师"教"是为了学生理解，教是为了不教。教师围绕问题组织教学。教师应该发展这样的教学策略，即允许学生以多种方式进行理解，并且重视每个学生的独特性。

可以看出，多元智能理论是一种强调和尊重个性差异、充分肯定人的潜力的一种智能理论。

（二）多元智能与教学改革

教育究竟教给学生什么？教育到底为了什么？是传授知识还是发展智力？从这个意义上说，多元智能理论的精髓与教学改革的理念在许多方面有异曲同工之妙。

在今天的社会中，我们对学生的教育必须走出传授和掌握知识的误区，应以开发学生智慧潜能及人格为最终目的。同时，每个学生的智能强项是各不相同的，教育的作用不是"补短"，而应重在"扬长"。只有发挥每个学生的潜力，让每一个人都找到努力的方向，体验到成功的教育才能真正体现教育的真谛。因此，多元智能理论带来的不仅是教育观念和思维的重新定位，而且还有课堂教学规则和秩序的重构，教师自身的不断学习和提高等。为此我们应该：

1. 教学观

教育应以发展学生的智能为目的。教学的最终目的是要培养自主的创造者与思想者。

学生的智慧潜能是通过各门课程的学习和整个教学过程逐步培养起来的，智能的发展本是教学的应有之义。

多元智能理论的提出，与素质教育、创新教育和新课程的改革相互呼应，再一次将"智能"置于教育教学改革的核心，及时地唤起人们对这一问题的重新思考。知识的主要价值在于"解决问题"，只有智能得到了发展的人，才能将知识灵活地运用于实际问题的解决中。

2. 学生观

新课程理念强调全体学生的全面发展。根据这一核心理念，从其发展的对象看，是全体学生；从发展的内容看，是素质的所有方面而不是某一方面的片面发展。在这一点上，多元智能理论的观点不仅与新课程理念一致，而且还对它作出了理论的诠释和解答。

多元智能理论认为：世界上没有两个人具有完全相同的智能组合。这个理论的创新之处在于提出了"智能多元"的新认识。正是因为人的智能是多元的，因此，人与人之间在智能上的差别就不再是过去所理解的智商高低的差别，而是智能类型的差别。

对教育工作者来说，重要的是能够正视差异、尊重差异，正确认识每一个学生，对不同的学生实施有差别地教育，而不是用同一个标准、同一模式去要求和衡量所有的学生。这一理论告诉我们，每一个孩子都是一个潜在的天才儿童，只是他们表现出来的方式经常是不相同的。对于一般人而言，只要教育得当，每个人的不同潜能都能够达到相当高的发展水平。不同的学生在智能方面是平等的，所不同的只是每个人所擅长的方面或者说智能的强项不同。而每个人所具有的不同的智能或智能结构，正是一个人不同于他人的特异之处，正是他的特殊禀赋或天性所在。如何根据每一个学生不同的禀赋或天性，开发其潜能，以优势智能的发展带动全面素质的完善，把每一个学生都培养成为智能发达、人格健全的人才，这才是摆在每一个教育工作者面前的一项重要任务。

同时，在追求学生群体的全面发展的同时，还应该关注学生个体的全面发展。多元智能理论所强调的个体的全面发展，是指每一个学生在各自不同智能强项带动下的个性化的发展。群体的全体发展之所以可能，正是因为每一个人都拥有不同于他人的强势智能，所以要实现个体的全面发展，也应该以个体所拥有的智能强项作为出发点和基础。实现每一个个体的全面发展，最重要、最有效的方式就是找出其强势智能所在，首先以强势智能的发展为学生树立起自信心和强烈的成就动机，在此基础上带动其他智能的良性互动。如果对学生在智能方面的类型差异和强弱不加区分，而一味地要求所有的人达到同一个标准，其结果可能是鸭子忘记了如何游水，兔子不知道怎样奔跑，燕子荒废了空中飞翔。全面发展不是均衡发展，不是所有方面的同步发展。全面发展的前提是发展，是符合个性的发展。也只有符合个性，符合强项和优势智能，才可能真正实现发展。因此，每一个学生不同于别人的强项和优势，才是其发展应该确立的起点和可能性所在。

（三）在教学中运用多元智能方法的优点

1. 加深对智能概念的理解

在学校运用多元智能，大大拓展了智能的观念，增强了学科间的整合。画画、作曲、听音乐、看表演等活动与写作和数学一样，都可能是学习的方法。研究表明，不少在传统测试中表现不佳的学生，当课堂教学中运用了艺术、运动、音乐等活动时，竟然对学习产生了兴趣。

2. 可以根据学生的需要、兴趣和潜能提供适当的学习机会

在学校中运用多元化智能理论，可以充分地依据学生的特点、需要、兴趣和潜能教学。多元智能课堂像"真实"的世界，学生学习更主动、更投入。个别化教育是多元智能理论的核心。加德纳强调说："每个个体都以不同的方式学习，表现不同的智能特点和智能组合。毫无疑问，如果我们忽略这些差异，坚持要所有的学生用同样的方法学习相同的内容，就破坏了多元智能理论的全部基础。"[①] 这样就大大减少了因为找不到正确的学习途径而放弃学习，导致学习成绩不理想的情况发生。

3. 学生能够展示和分享自己的长处

多元智能理论相信每位学生都有自己的特长，都有自己发挥比较好的智能。这样可以使学生有机会展示自己的长处，并使学生希望成为"专家"，这可以增加学生的自信和自尊，增强学生上进与追求的动力。同时使学生人格得到更好发展，避免不必要的自卑心理。

---

① 霍华德·加德纳. 多元智能[M]. 北京：新华出版社，1999.

二、建构主义基础理论

（一）走进建构主义理论

1. 建构主义的产生与发展

建构主义既是一种认知理论，也是一种学习哲学，开创了一种全新的思维方式。建构主义是一种理论，核心概念是图式，它可以帮助人们构建出更有效的结构。图式描述了一个人如何通过感知、理解和思考来认识世界。它被视为一种心理活动的框架，或者说是一种组织结构。图式是人类认知的基础，它是认知结构的根源和核心。因此，构建和改变图式对于认知发展至关重要，而这一进程又受到三个不可忽视的环节的影响，即同化、顺应和平衡。

皮亚杰对儿童认知发展领域产生了深远的影响，被认为是建构主义思想的先驱者，他的理论深入人心。他创立的日内瓦学派被广泛认可，并受到了广泛的赞誉。皮亚杰指出，儿童在与外部环境的互动中，不断构建出对外部世界的认知，从而促进其认知结构的发展。[①] 儿童在"同化"和"顺应"中经历了两个重要的发展阶段，它们之间的交互是密不可分的。通过同化，一方面可以从外部环境获取相关信息，另一方面可以将这些信息融入孩子的认知框架中，从而使他们能够更好地理解和接受外界的刺激；当外界环境发生巨大的变化时，儿童的认知结构难以适应这些变化，从而导致他们的认知模式出现重大的调整，这种调整是由于他们对外界刺激的反应，即他们的认知模式在适应这些变化的过程中。通过同化，可以增加认知结构的数量，并通过适应来改变他们的特征。当一个人能够以一种适应性的方式接受外部环境信息，并将其转换为自己所熟悉的模式，那么他就会进入一种和谐的认知状态；当一个人无法将旧的思维模式转换为新的思维模式时，他的思维模式就会失去平衡，因此他需要进行修正，以便重塑自己的思维模式，这也正是"平衡—不平衡—新的平衡"的过程，它帮助孩子们不断地完善、增强和发展自己的认知结构。

借鉴皮亚杰"认知结构说"的理论，科恩伯格深入探讨了认知结构的本质及其形成的环境因素；斯腾伯格、卡茨等学者深入研究了个体的主动性，他们指出，

---

① 张怀斌. 基础教育与教学研究[M]. 西安：陕西师范大学出版总社，2019.

这种能力是构建认知结构的基础，而且他们也深入研究了如何充分利用这种能力来实现这一目标；维果斯基的"文化历史发展理论"突显了学习者在社会文化和历史环境中的重要性，而"最近发展区"则更进一步阐明了这一观点。学习的过程受到许多因素的影响，包括历史、社会文化等。这些因素对于个人的成长至关重要，并且能够提供必要的支持。维果斯基认为，个人的发展可以划分为两个阶段：现实的成长和潜能的激发。"最近发展区"描述了一种不同的发展水平，既包括了个体的现有能力，也包括了在成年人和其他年长者的支持下，个体可以通过自己的努力和智慧来提高自己的能力。维果斯基领导的维列鲁学派对"活动"和"社会交往"的影响力进行了全面而深刻的探讨，从而揭示出它们对于人类高级心理功能的重大意义。尽管这些研究的重点不尽相同，但它们对知识与学习的理解却几乎完全一致，甚至可以说是互补的，这使建构主义理论得到了更加深入的发展和完善，为建构主义思想应用于教学实践提供了有力的支持。

2. 建构主义的核心特征

夏尔提出，建构性学习应具备四个关键特征，即积极的态度、有效的构建、持续的积累和明确的目标。基于此，学者们进一步强调了建构性学习的两个关键特征，即诊断性和反思性。通过这些特征，我们可以总结出建构性学习的五个关键要素：

（1）积极的学习

建构主义强调，学习应具有积极性，因为只有通过自主思考和实践，才能够以有效的方式理解和掌握所接收的知识，从而获得更深刻的理解。20世纪初，杜威提出，真正的理解取决于我们如何去观察和思考，而这种观察和思考又与我们的行动密切相关。[1]因此"教育基于行动"和"做中学"都是关于这一点的阐述。维戈茨基认为，人的心理变化与实践行为的变化有着密不可分的联系，他认为，个人的文化参与是儿童心理发展的基础，也是教育的基石，因此所有的教育技巧都必须以指导和调控的方式来实现。从杜威"做中学"到维果斯基"活动与心理发展统一"，再到建构主义学习理论，都强调了学习者在建构性学习中扮演的重要角色，从而推动了学习者的学习过程。

---

[1] 文萍. 心理学理论与教育[M]. 桂林：广西师范大学出版社，1999.

（2）建构性的学习

学习过程需要不断地思考和组织，这就需要我们去发现和掌握新的知识。通过这种方式，可以更好地理解和掌握复杂的概念，而不仅仅局限于简单的内容。建构主义理论强调，通过构思和创造可以更好地理解世界，并且这种构思和创造的过程有助于我们更深入地探索事物的本质，从而更好地掌握知识和技能。实际的本质意味着我们的思维和行为都反映了"真实的"的客观现实，即我们所处的环境；知识的核心在于每一位个体都能够创造出独特的、深刻的思想，这些思想都植根于我们的大脑；人类之间的相互影响源于彼此之间的信息共享和沟通，这种沟通方式更多地体现为合作，而非强加的命令和管理；科学的核心价值在于它以一种具有明确的视角、经过精心筛选的方式来探索客观世界，并以此为基础进行研究。由于这些基础要素的存在，学习成为一种理解世界的有效途径。

（3）累积性的学习

通过建构主义的学习，可以根据先前的知识来确定要学习的内容、数量和方法。在解决问题的学习中，需要先激活已有的知识，然后通过融合和适应的方式来重塑新的知识，以便让我们的认知能力达到一个更高的水平。在建构主义的学习过程中，积累知识并非仅仅是一种技能，更重要的是，通过深入思考、挑战和创新，才能真正掌握和运用所学的内容。

（4）有目标的定向学习

建构主义学习强调目标导向，因为只有当学习者清楚地认识到自己的目标，并且能够有效地实现这些目标，才能获得成功。建构主义学习的核心理念在于以目标为导向，而非依赖外在的任务来推进学习和教育。首先，通过内在的目标来确立学习的方向，并且让学生们有意识地去实现它。其次，确定学习目标需要考虑到在学习过程中所面临的具体挑战。当我们尝试解决现实世界中的挑战时，我们会发现它们往往存在着缺陷。最后，我们需要通过与老师、课程内容和学习环境的交流来确保我们的学习目标得以达成。通过深入探索，学生们可以根据自身的需求，将原有的目标拆分成更小的部分，并将它们转化为更有意义的任务。在建构主义学习中，明确的学习目标是指引学习的方向，而且要求学习者以积极的心态去实现这些目标，并且要不断地检验自己的努力，以及在实现这些目标的过程中取得的成果。

（5）诊断性学习与反思性学习

建构主义学习的核心特征之一是诊断性和反思性，这意味着学习者需要通过自我监督、自我评估、自我检验等方式来评估自己的学习成果，并确定自己的目标是否符合预期。建构主义学习评价的核心部分是诊断和反思。通过这一评估，我们可以更好地了解学习者的需求，并根据不断变化的情况来调整和提升我们的策略。在进行评估时，应尽量避免使用强加或行为控制工具，而更多地依靠学生的自我反思和元认知能力。建构主义的评估应当作为一面镜子，用以检验学习过程的动态性、持续性以及学习者的发展情况。通过诊断和反思，我们可以更好地理解学习的本质，并得到更多的收获。

以上是建构主义学习的五个关键特征。显而易见，具备这五项特征的学习方式是典型的建构主义学习。虽然这五条特征可能不足以完全满足建构性学习的需求，但它们仍然可以被视为建构性学习的基本要素，是构成建构性学习的关键组成部分，也是其成功的核心。

（二）建构主义的基本教与学思想

建构主义的理念深刻影响了人们对知识、学习、学生和教学的看法，这四个方面构成了它独特的思维模式。

1. 建构主义的知识观

知识并非仅仅是对现状的客观描述。这种理论可以被视为一种对客观事物的解释、推测或推理，但它本身并非一个绝对的真理，只能在不断探索、实践中得到验证，从而形成更多的新的见解和推测。

知识是由个人的认知和理解共同构成的，并且具有独特的个性。每一位个体都可能根据其独特的经历、背景和环境来深入地理解某一事物或某一问题，从而形成多样的认知。尽管知识无法完全把握世界的规律，但它仍然可以为我们提供有效的解决方案。在实际应用中，知识并非万无一失，它只是根据特定环境的变化，经过重新组织、重新构建，才能发挥出最大的效果。

2.建构主义的学习观

学习是一个充满活力的过程，需要积极主动地去构建。通过先前的思维模式，学生可以自发地、有目的地感知外部信息，并从中获得有价值的信息。这一创造性的结果不可能被任何其他人所取代。通过学习，人们可以将已有的知识和经验转化为新的信息，并从中提炼出自己独特的理解。随着新的知识的加入，原有的知识结构也会发生重大的变化，这使得学习过程不仅仅是一个信息的输入、存储和提取的过程，更是一个新旧经历之间的双向交互的过程。

通过学习，我们不仅能够在自己的领域中进行创造性的思考，还能在团队中发挥协作的作用。个人的创造性活动应当在特定的社会文化环境中进行，并且应该与学习团队的发展紧密结合。通过合作学习，个人的理解能力得到提高，并且能够达到必要的一致性。

同化和顺应，是学习者认知结构发生变化的两种途径或方式。

3.建构主义的学生观

建构主义强调学生是具有极大可塑性的个体，教师要用发展的观点认识学生，把学生看成发展中的人。通过深入了解学生的成长过程，把握他们在不同年龄段的需求和特征，以及根据这些需求和特征来实施适当的教育，为他们的身心健康成长奠定基础。老师应该意识到，每个学生都拥有无限的潜力，并且应该努力去挖掘和培养。重新定义学生的角色，将他们视为独一无二的个体。每个人都拥有属于自己的个性、情绪、思维方式以及内心的体验。每个学生都有自己的兴趣、动机、需求、个性、技能和专业，因此，尊重他们的个性并培养他们是一个重要的责任，这是教育工作者的核心原则。学生与成年人在许多方面存在显著差异，他们在观察、思考、选择和体验方面也各不相同。因此，我们应该避免使用成人的视角来看待他们，并且也应该避免对他们进行过分严格的评判。

建构主义认为，学习者应该以自身的经历为基础，以此来构建自己的学习环境。通过日常生活以及不断的学习，学习者积累了丰富的知识与实践经验。当面对这些问题时，他们仍然会凭借自身的认知能力，以及以往的经验，来构建出新的解释和假设。

老师、学生以及其他参与者应该一起深入思考，以便更好地理解课堂上的内容，并且通过相互讨论、交换观点，来更好地完善自己的想法。因为个人经历和背景各异，所以他们对问题的观点和理解也会有很大差异。事实上，在学生的团队中，这种差异是一种宝贵的财富。建构主义强调个人的潜能和潜力，同时也承认外界因素，特别是来自于教师的指导和帮助。

4. 建构主义的教学观

建构主义认为，教师的工作重点在于培养学生的创造力和独立思考的能力。通过创造有利于学生学习的环境，我们可以更好地组织课堂活动，分析学生的心理状态，建立良好的课堂文化，营造良好的心理氛围，并关注个人幸福感。

在教学过程中，我们不应该忽略学生已有的知识和经验，也不应该仅仅依靠"填与灌"来传授知识。相反，我们应该将学生的现有知识和经历作为他们获取新知识的基础，并帮助他们在这些基础上发展出更多的知识和技能。教育不仅仅是传授知识，更重要的是如何将其转化为实际应用。作为一名老师，我们不仅要传授知识，还要尊重学生的独立思考能力。我们要关注学生的观点，帮助他们更好地理解和掌握所学的内容。同时，我们也要鼓励和指导学生去探索和发展自己的观点。

（三）建构主义的课堂

1. 建构主义课堂的特点

一般来说，建构主义的课堂具有以下特点：

（1）学习是建构性的

学生不再是可以在上面任意刻写知识的白纸。他们来到学习场景时已经有了知识结构、思想和理解。这些先前的知识是他们创造新知识的原材料。

（2）学习是主动性的

学生是创建自己的新知识的主人。教师的作用是促进、引导、建议，但允许学生实验、提问、尝试错误。学习活动要求学生全身心地参与，就像动手做实验一样。学习过程的一个重要方面是学生反思和谈论他们的活动。学生同时帮助设定自己的目标和评定方法。

（3）学习是反思性的

学生控制自己的学习过程，他们通过反思自己的经验引导学习。教师帮助创设情景，让学生在单独和小组学习的过程中可以自由地提问，反思自己的学习过程。教师还应引导学生反思自己先前的知识和经验。

（4）学习是合作性的

建构主义的课堂在很大程度上依赖学生之间的合作。当学生一起反思和回顾学习过程时，他们能互相取长补短。

（5）学习是探究性的

建构主义课堂活动的主要活动是解决问题。学生用探究的方法提问，调查一个主题，使用各种资源解答和寻找答案。学生探索主题，下结论，进一步探究，修正结论。对问题的探索会引出更多的问题。

（6）学习是不断发展、革新的

学习是在吸收新信息的基础上不断发展的。比如，学生原有一些思想，但后来发现这些思想对于解释新的经验无效，不正确或不充分。这就需要不断革新，而这些原有思想也只能是学生整合知识的临时性步骤。

2. 建构主义课堂下的有效教学

建构主义思想已经成为当今最有前景的学术观点。建构主义的思想与我国新课程改革的理念相辅相成，为我们提供了一种更加有效的、更具创新性的课堂教学模式，从而为我们提供了一个更加完善的理论基础。

（1）通过有效的教学，我们可以鼓励学生积极主动地参与课堂教学

从建构主义的角度来看，一节课的成效应该首先考虑学生的学习情况，因为只有通过学生主动思考和实践，才能真正获得知识。建构主义强调，学生的学习成果取决于他们能否能够主动地探索和构建新的知识，从而获得更好的学习效果。老师的教学成功取决于他们是否能够激发学生的学习热情，并帮助他们自主地去理解和掌握所学的内容。学生主动构建知识的能力表现在两个方面：

①学习者参与目标的提出

建构主义强调，要想取得学习的成功，就必须明确自身的学习目标，并且制订出一个明确学习的计划，以便实现自身的期待。建构主义认为，在教学过程中，学生应该积极参与，以便清晰地定义自己的学习目标，并且能够有效地实现这些目标。很难说每门课的最终目标都是由学生们独立设定的。教师应该在备课时制

定多样化的任务和课题，并在课堂上指导学生确定每一项任务及其相关的子任务，帮助他们清楚地认识到自己要解决的问题，从而让他们有机会去探索实现这些子目标的方法和途径。在课堂上，老师应该激励学生根据自己的兴趣来设定不同的目标，并且帮助他们把这些目标拆分成更小的部分。

②学习者在"做"中学习

一旦目标确定，学习者就需要利用操作对象来主动构建自己的知识体系，这就意味着要有一些任务让学生去完成。老师应该激发学生的多种感官，鼓励他们动口、动手、动脑，通过实践和解决问题来提高学习效果。在现代教育中，学习与实践已经不再是两个孤立的过程，而是一个相互联系、相互促进的整体。建构主义的教学理念强调通过实践来培养学生的创造力和独立思考能力，而不是仅仅依靠教师的指导。通过实践，学生不仅需要结合已有的知识和经验，还需要搜集相关信息，以便进行全面的思考、分析、解读当前的情况，并最终得出自己的结论与解决方案。通过这一进程，学生们将能够获得丰富的知识和实践经验。基于此，教师可以通过提炼和概括，使学生建构的知识更加清晰、系统。

（2）有效的教学应讲求有效互动

按照建构主义的思想，每个人都有自己独特的视角来看待外部世界，但这种视角也有其局限性。因此，只有通过意义的共享和协调，才能让我们的理解更加准确、丰富和全面。因此，我们建议在课堂上采用多种方式进行交流，既要注重师生之间的沟通，也要注重学生之间的相互理解和合作。换句话说，学习需要通过协作来实现，这需要学生、老师以及其他参与者之间的共同努力。在教学进程中，师生之间的互动和协作应当成为一种共同的目标，而非一种强加的指挥和管理。老师应该一直致力于帮助学生提高学习效率，并与他们一起协作。

①促进者

老师通过协商、激励和监督来指导学生的思考和实践。老师可以掌握课堂的进度和气氛，但无法改变学生的思考和表达。

②指导者

老师应该注意到学生在学习过程中遇到的困难，并创造适当的挑战性情景来帮助他们培养独立思考的能力；通过及时的反馈，培养学生的分析、沟通、思考以及评估的能力，从而有效地推动他们的知识积累；采用实践、演示、总结等方式，让学生获得更深刻的理解，从而实现有效的学习。

③合作者

作为老师，应该和学生共同探索、思考，并积极参与他们的学习过程；应该勇于接受挑战，并且愿意与其他学科的专家和教授合作，共同探索新的领域。

（3）通过有效的教学，确保学生能够积极地去探索和创造

在建构主义课堂上，老师应该给予学生充足的资源来帮助他们进行自我发现和创造。建构主义强调将学习融入多种多样的环境中，让它们具备更强的可塑性和可操作性，以便在日常生活中得到更好地运用。教师应该提供更多的学习材料，这些材料应该与现实生活相关，并且能够帮助学生感受到问题的存在。通过分析和思考，学生可以提出假设并进行检验，从而得出结论。

老师应该给予学生更多的时间来巩固他们的知识。建构主义注重通过独立思考来构建和创造问题，因此，学生应当先拥抱新的想法，并且积极地去寻找可行的解决方案，以便更好地解决这些挑战。完成探索之后，可以进行小组讨论。在讨论中，学生应该既认真聆听他人解决问题的策略，又积极探索其中的可行性，以便更好地发挥自身的潜能。此外，应该定期检查自身的解决策略，以及是否存在正确的、可靠的、有效的、可行的解决方案，以便更好地实现目标。在学习过程中，这些环节是必不可少的，教师应该在时间上给予充分的支持，以确保学生能够有效地建构知识。

教师应该在课堂上为学生提供更多的机会来建立知识。在这里，重点关注的应是如何为学生提供舒适的座位。在教学过程中，教师经常将学生分成若干个小组，并根据需要进行空间调整。这些小组成员会非常乐意交流、倾听、解释和思考，并能够进行反思，从而更有效地完成对知识的建构。建立一个规模较小、质量较高的团队对提高学习效率至关重要，因为当团队规模增加时，每个成员都有更多的机会发挥自己的潜能。在整个班级中，小组数量应该保持在一个合理的范围内。

（4）通过有效的教学，可以帮助学生更好地理解和掌握知识

建构主义认为，在教学过程中，应该重视学生的内在理解，而不仅仅是表面

上的知识。评估学生对知识的掌握程度，可以从多个角度进行考量：

第一，能否用自己的话去解释和表达所学的知识。

第二，通过对这一知识的深入分析，可以推断出相关的现象，并利用它们来解决实际问题。

第三，能否运用这一知识解决变式问题。

第四，通过综合运用多方面的知识，我们可以解决更复杂的问题。

第五，通过实际应用，我们能够更好地理解所学知识。

通过有效的课堂提问与实践活动，老师能够准确地评估学生的学习成果，从而更好地了解他们的学习进度。教师应该把重点放在学生的学习过程上，以便让他们获得最佳的学习效果，并且深入了解他们的学习方式，从而帮助他们建立起自己的认知，达到最佳的学习效果。

（5）通过有效的教学，帮助学生进行自我反省和与其他人的交流与合作

建构主义认为，学习并非仅仅是从他人那里获得信息，而是需要学生主动构建自身的知识体系，并从中提炼出独特的见解。因此，在学习的过程中，学生应该定期检查自身的理解能力，并采用有效的方法来提升思维能力，同时也应该定期检查自身的推论是否存在逻辑漏洞。事实上，反省本身就是一种有益的学习方式。因此，教师应该在课堂上重视培养学生的反思能力，即让他们能够自我反省，并引导他们思考："我是如何想的？""你为什么这样想？""我的方法是否最有效？""是否还有其他更有效的解决方案呢？""今天我们学到的知识和研究的课题有何相互关联？"通过解决这些问题，可以帮助学生培养反思的能力和习惯。

（6）一个成功的教育应该包含乐观的态度和真挚的情感

在学习过程中，学生往往会产生情绪上的共鸣。学生在学习这门学科时，会投入大量情感，从而获得丰富的体验。通过积极的体验，学生会对学习产生浓厚的兴趣和需求，并且会对学习充满热情。这种体验会让他们感到兴奋和快乐。通过营造民主、和谐的学习环境，让学生感受到知识的魅力，并且不断取得成功和进步，才能真正地体验到积极的情绪。在课堂上，应当宽容并理解学生的失误，同时也要尊重他们的创新思维。建构主义教学理念强调，教师应该积极评估学生

在学习过程中的每一次成功和进步,以此来激发学生对学科的兴趣,并为他们提供有效的指导。老师应该积极发掘学生的潜能,并且给予他们充分的肯定。经过老师的赞赏,被称赞的学生将深刻体会到老师的热情,激发出无限的动力,使得他们对未来的发展有着明确的目标,并且能够成为其他同学的榜样。

三、教育传播学基础理论

(一)教育传播

教育的过程就是传播的过程,教育具有人类一般传播活动的基本要素和性质,是人类传播活动的一种具体表现形式。

1. 教育传播的概念

魏奇和钟志贤在其著作《教育传播学》中指出,教育传播旨在遵循客观规律,通过多种媒介传播信息,以提高教育质量和教学效果。

黄鹂和吴廷俊在《教育传播学新探》一文中指出,教育传播不仅仅是一种有意识地传递知识、技能、思想、情感、价值观的活动,更重要的是,它要求我们从多个方面来深入了解教育,从而更好地实现教育目标。这种传播活动不仅要求我们从多个方面去考察,还要求我们从多个层面去分析,从而更好地实现教育目标。南国农和李运林为教育传播下了一个比较确切的定义:教育传播是由教育者按照一定的目的要求,选定合适的信息内容,通过有效的媒体通道,把知识、技能、思想、观念等传送给特定的教育对象的一种活动。它是教育者与受教育者之间的信息交流活动。[①]

(1)受传者的特定性与自觉积极性

教育传播是根据受教育者的文化程度及身心特征来确定传递的信息内容的,教育传播的对象是特定而明确的。比如,让幼儿园的小朋友去听初中数学课,他们听不懂,而让大学生去听,他们又会觉得太简单。

教育传播是一种目标非常明确,并且有组织的信息交流活动,因此受传者对教育信息的接收在一定程度上具有强迫性。比如,在课堂教学传播活动中,有严

---

① 南国农,李运林.教育传播学[M].北京:高等教育出版社,1995.

格的课堂纪律约束受教育者，有明确的学习目标督促受教育者，要求他们高度集中注意力去理解和记忆传播的内容。通过教育传播，我们希望受众能够更好地理解和掌握知识，并且有更强的学习动力。

（2）传播者的导控性

在教育传播活动中，为了保证传播活动的方向性与目标性，教师是学习的指导者，负责确定课程的内容、目标和进度。他们会根据学生的年龄特点和能力水平，对课堂活动进行适当的指导。一般传播者对年龄较小的受传者的导控性要强一些。

（3）信息内容的系统性与目的的明确性

通过精心筛选，我们将人类已有的知识、经验和技能转化为更加完整、系统化的信息。这些信息不仅符合教育培养的目标，而且还符合教学计划和教学大纲，以达到预期的效果。

（4）信息传播媒体的多样性

教育传播的媒体多种多样，它们能够满足不同的需求，从而提高教育效果，以实现教育目标。但是，在实际的教育传播过程中，最佳的媒体选择取决于信息的内容、受众的个性特点以及外部环境等因素。

2.教育传播与教育技术的关系

教育技术学是一门研究如何将信息、技能、思想、观念以及学习方法与其他学科相结合，以满足不同学生需求的学科。它以多种形式，如网络、社区、媒介、学校、学术期刊、互联网、远程教育等，为学生提供了更多获取知识、技能、思想、观念、技术、学习方法的机会，从而促进学生全面发展。两者之间的联系表现出了多种不同的特征。

（1）从目的来看

通过教育传播与技术，我们可以实现一个共同的目标：提高人类的学习水平。其中，技术的应用可以帮助我们充分发挥人力与物力的优势，从而实现更加高效的教育。通过教育传播，我们可以使用多种方式和技术，将知识有效地传递给更多人，培养他们掌握、理解、运用、沟通等方面的能力，从而达到学习和发展的目标。

（2）从涉及对象来看

教育技术是一种重要的工具，它可以帮助我们更好地理解和掌握知识。在这种工具中，我们可以使用多种不同的方法来实现信息的传递，包括使用传播系统、传播模式、信息内容、符号、通道、传播者与受传者、传播环境以及传播效果。这些方法都可以帮助我们更好地理解和掌握知识，并且可以帮助我们更有效地利用教学资源。

（3）从实践领域来看

随着时代的发展，教育技术也在不断演变。早期中国的教育技术主要依靠电子课件的方法，但随着时间的推移，人们开始更多地关注如何利用多种媒介，如互联网、手机等，来帮助学生更好地理解知识。这些新兴的技术已成为当今教育的重要组成部分，并且在推动教育改革方面起到了积极的作用。随着教育传播理论的不断深化，视听教学也从一种单一的、局限于一维的工具手段的模式，进一步拓宽到一种全新的、多元化的教学模式，从而推动了教育传播理论的进一步发展。

（4）从实践方法来看

通过采用先进的教育技术，结合系统方法，综合考虑教育、教学中的各种因素，以及环境的影响，制定出有效的课程开发和教学设计，制定出有效的策略方案，实施有效的解决方案，不断改进和完善，以达到最佳的教学效果。教育传播旨在通过多种手段，如编码、解码、选择和实施等，有效地传播信息，以达到更好的学习效果。在开始教育传播活动之前，传播者应该充当先驱，为受众制定适当的学习内容、方式和难度；在活动过程中，他们应该利用媒体的扩展性，有效地向受众传达教学信息；而在活动结束后，他们应该及时回应受众的反馈，并分析出可能存在的问题，提出有效的补救措施和解决方案。

（5）从实践手段来看

现代教育技术的发展为我们带来了许多便捷的方式，其中一个重要的方式便是使用最新的媒介。例如，投影技术能够大大提升课堂的效率，网络资源的普及使人们能够轻松地获得更丰富、更完整的信息。此外，教育传播还需要借助媒介，强调双向沟通。随着现代科技的发展，媒体的使用已经成为知识传播的不可或缺的一部分，它不仅可以提供便捷的信息，而且还能够极大地提升信息的传播效率和覆盖面。

3. 教育传播的演进

人类的传播行为源远流长，人类传播能力与传播范围的发展历程也是艰难而漫长的。教育传播的发展史，就是一部人类文明的进步史。人类从产生那天起，在依靠传播维持自己的生存与发展的同时，也把积累的经验与技能传给后代。人们通过接受教育来吸取先人留下的宝贵实践经验，获得与自然斗争的能力和知识，并制造出大量先进的工具，来改进和推动自然界朝着人类设计好的方向变革。当然，最初的教育传播是简单而原始的，随着社会的不断进步和发展，人类应用于教育传播的手段与工具也由自身的器官发展到各种传播工具。结合南国农、李运林的划分，根据传播手段与方式的发展过程，教育传播的发展过程可以划分为以下五个阶段：

（1）视动传播阶段

视动传播是原始社会人类交流的一种方式，是教育传播的萌芽。人类发展的初期，延续了动物属性的动作加叫声的传播方式，借助体态姿势和咿呀之语进行简单的信息交流。当时人们口头发出的声音不能单独传递信息，只是视动传播的辅助工具。

（2）口语传播阶段

"语言是从劳动中并和劳动一起产生出来的。"[①] 人类由于社会劳动的需要，创造了语言。随着时间的推移，人类不断地学习和掌握新的技能，并将其应用于日常的交流和沟通中。这些技能最终演变成了现代的口头语言，它不仅仅是一种简单的文字，而且也是一种新的媒介，它改变了我们的世界，让我们能够更好地理解和接受世界。通过将语言、文字、图像等多种元素融入一个社会中，不仅能够拓展人际关系，增强沟通的有效性，而且还能够建立起一套完整的思考模型，从而促进社会的发展。

口语传播是人类历史上最早的一种传播方式，具有简单性、丰富性、快捷性、通俗性和反馈性等其他传播形式所不具备的优越性。因此，直到已拥有多种传播

[①] 恩格斯. 劳动在从猿到人转变过程中的作用 [M]. 北京：人民出版社，1971.

媒介的今天，它仍然是人类进行教育传播与其他传播活动的一种基本方式。

随着口头传播的普及，非语言符号的流行并未受到阻碍，反而促进了宗教仪式、象征主义、音乐以及其他文化形式的进步。

（3）文字传播阶段

在语言诞生很久之后，人类传播发展的历史长河中出现了另一个里程碑——文字。在中国，传说黄帝时代的史官仓颉由图画整理出最初的文字。文字的出现是人类传播史上影响最深远的成就，标志着人类原始时代的结束和文明时代的开始，"由于文字的发明及其应用于文献记录而过渡到文明时代"[①]，文字是人类沟通和交流的工具，它们对于文明的发展和传承至关重要。

从文字产生、纸的发明，到印刷术的兴起，经历了漫长的岁月。7世纪初，印刷术的发明才使文字传播的特点与对社会的影响得到充分的发挥，人类信息的交流和传播速度及范围得到了新的发展。印刷术的发明是古代中国的伟大成就，比西方早了大约600年。然而，到15世纪中叶，德国人古腾堡却根据中国西传的印刷技术，改装西方的榨酒机，完成了印刷史上最伟大的革命之一：金属活字印刷。印刷业的诞生与崛起，使文字语言书面化。随着书面语言的普及，其可靠性受到了限制，使记忆的价值被大大降低，但同时也为人们提供了一种前所未有的自由思考的方式来处理信息，从而引发了媒体形态的第二次大变化，是人类传播史上又一次具有划时代意义的革命。印刷媒介的出现，更为语言传播添上了腾飞的翅膀。

文字传播使人类对后一代的知识、技能与经验的传播活动产生了根本的变革。在口语传播阶段，教育传播只是在家族中由家长或专职教师口授一些生产的经验与宗教的礼仪；进入文字传播阶段之后，书写成为与口语同样重要的教育传播工具，极大地丰富了教学内容与形式，进而出现了古代的学堂，改进了教学的组织形式；教科书成为重要的教育传播信息的载体后，教学组织形式也随之发生变革，出现了学校的班级教学形式，从此教育传播得到迅速发展。

（4）电子视听传播阶段

自20世纪20年代以来，在工业革命的推动下，科学技术的飞速发展，使得

---
① 马克思，恩格斯. 马克思恩格斯全集 第21卷[M]. 北京：人民出版社，2016.

一些前所未有的技术成果，如照相技术、幻灯机、无声电影等，得到了广泛应用，从而改变了传统的以手工操作为主的教学模式，使教学更加便捷、高效，促进了人类信息传播质量和效益的大幅度提高。

随着时代的发展，美国的视觉教学受到了社会需求、科技进步以及教育理念的推动，从20世纪初开始蓬勃发展。

20世纪20年代末，随着有声电影、广播录音技术的进步，以及它们在教育领域的普遍使用，传统的视觉教学方式已无法满足当时的需求，因此视听教学开始出现。尽管当时的学校缺少必要的设施、材料以及专家的指导，使它的发展受限。但是随着二战的爆发，视听教学成为当时工业和军事训练的重要手段。同时，工业和军队面临着更加严峻的挑战，仅仅依赖于传统的教育方式已经不能满足当时的人才培养需求，因此研发出高效的技术手段显得尤为重要。美国利用先进的有声电影技术，仅仅花了6个月的时间，就将1200万贫困的民众培养成具备多种军事能力的士官，并将800万平凡的青少年培养成能够生产军火、船只的技术工人。此外，随着战时被派往军队和工业界的视听教学专家的归来，以及视听设备的广泛使用，使战后的学校教育更加注重视听的发展，从而激发了民众的热情。视听教学得到了实践的检验和肯定，二战以后的10年是视听教学稳步发展的时期。视听领域开展了一系列的研究，重点探索视听媒体的特性及其对学习的影响。随着杜威实用主义教育理论的不断发展，"经验之塔"这一重要的视听理论也随之涌现，其中最具有代表性的当属戴尔1946年的《教学中的视听方法》一书，它将杜威的教育思想与当时的心理学思想完美结合，成为当时乃至后来的视听教学的重要理论依据。

进入20世纪50年代以后，随着视听设备和资料的剧增，教育电视的应用和程序教学的兴起，以及由拉斯韦尔等人在20世纪40年代创立的传播学向教育领域的渗透，人们开始从信息传播的角度对教学过程进行研究，教育传播进入教学过程与视听传播阶段，其标志是1963年美国视听教育协会成立的特别委员会，其提交的报告建议将视听教育的名称改为视听传播。其研究重点是教育媒体与教学过程（主要是教育信息在教学过程中的有效传播），主要指导理论是传播学理论和早期的学习理论和系统理论，新介入的媒体有电视、语言实验室、程序教学机等。该阶段的重要贡献是视听教育向视听传播的转变,从而使我们的研究视野从静态、一维的手段工具转向了动态、多维的教学传播过程,从根本上改变了教育传播领域的实践范畴和理论框架。研究主体也突破了狭隘的媒体界限,将原来的教育媒体作为教育传播的一个重要因素,开始从教学传播过程的角度考察教学媒体对辅助与改善教学的价值与作用,并扩大到研究传播者(教师)、受传者(学生)和整个教育传播过程。教育传播活动更加系统化,并且具有了可控制性和可测量性。

(5)多媒体互联网交互传播阶段

在 20 世纪 90 年代,随着数字语言的普及,它已经成为一种独特的沟通工具。这种新的沟通方式改变了我们的日常交流,并且对通信、传媒和教育等行业产生了深远的影响。多媒体计算机技术的进步,以及国际互联网的普及,人类的信息传输方式正在经历一场前所未有的革新。网络媒体的发展迅猛,它以一种前所未有的方式,拥有了数字化、网络化、多样化、全球化、多媒体化、实时性、交互性以及及时反馈的独特优势,成为当今社会的重要传播渠道。"第四媒体"是一个用于传输、处理、分享、展示信息的数字媒介,它可以在互联网上实现快速、准确的信息传输,包括新闻、知识等。随着互联网的普及,它对教育信息的传播方式产生了深远的影响,它促进了人类知识的组织、传播和获取,使人们能够更有效地获取和利用知识。多媒体互联网交互传播正改变着人类现有的教育传播观念、教育传播过程和教育传播方式。

从以上关于教育传播的演进过程,我们可以清楚地看到,教育传播媒体变革的间隔时间越来越短,而每次教育传播手段变革的同时也带来了教育方式的变革。从视动传播时的个别传授到口语传播和文字传播的小组教育,从印刷传播时的学校教育到电子视听传播时的远程教学的形成和发展,教育手段和方式得以丰富,教学活动变得更加直观和高效,受教育人群得以拓展。多媒体网络的普及,教育理念和方法都发生了巨大的转变,这种新型的教育传播媒介不仅具有更强的科技感,还能够为教师提供更加丰富的课程内容,促进教育的持续发展。

在以口头语言、文字语言、数字语言为特征的媒体形态的三次突变中,新媒体产生了,比较旧的媒体不是死亡了——它们继续演进和适应,形成汇聚、复杂的传媒家族。因此，未来教育传播的发展要遵循科学发展观，坚持以教育主体为本，以系统观为基点，摆脱追新汰旧的媒体观，坚持媒体发展的互补观，多种媒体优化组合是未来教育传播永恒的主题。

（二）传播学与教育传播学

1. 传播学

（1）什么是传播学

传播学从19世纪末开始形成，四名美国社会学家米德、库利、杜威和帕克就开始关注和研讨传播问题，他们发现大众媒介的重要性，并将其作为一个研究领域。随着时间的推移，西方传播学逐渐发展壮大，成为一门在知识殿堂中享有盛誉的学科。

传播学兴起以后，改变了以前传播学研究依附于其他学科的状态，学科上取得的独立性使传播学研究对象也具体化了，很快就有了自己稳固的研究基地。传播学代表了一种研究传播行为和现象的分析方法或框架。传播学作为一门独立的交叉学科，是一门探索和揭示人类传播的本质和规律的科学，也是传播研究者对人类传播现象和传播研究成果进行系统分析和有机整合而发展形成的知识体系[1]。

（2）传播学的学术渊源

早期的传播学家以心理学、社会学、数学和政治学为主要研究领域，他们致力于探索新的知识，并将其应用于实践，以此来证明其理论，从而使传播学具有跨越多个学科领域、跨越时空界限的特征，众多的相关学科为传播学奠定了坚实的理论基础。

传播学主要有两个来源：一是行为科学，二是信息科学。如果我们把传播学比作一条大河，那么这两个来源构成了一个复杂的学科群，它们之间存在着多种联系，每种联系都有其独特的支流，从而形成了一个完整的学科体系。

①行为科学

行为科学是一门涉及多个学科的交叉学科，其中包含了社会学、心理学、政治学、宣传学、新闻学、人类学、语言学和符号学等领域。

---

[1] 邵培仁. 传播学[M]. 北京：高等教育出版社，2000.

②信息科学

信息科学包括信息论、控制论和系统论，即俗称的"三论"，以及数学、统计学等。

在这两大来源中，传播学从行为科学那里继承了研究对象及学科领域，吸取了实证方法及科学理念，如设计问卷、进行调查访谈和抽样分析，我们可以从信息科学的核心概念和基本范畴中获得启发，如信息、控制和系统等。另外，传播学在继承与借鉴其他学科的同时，还互相渗透、彼此依托。

（3）传播学与其他学科的关系

传播学作为各门传统学科和新兴学科知识整合的产物和结晶，在其发展过程中，广泛而积极地吸收了政治学、社会心理学、人类学、新闻学、哲学等传统学科的精华，以及语言学、符号学、文化学、传媒学、信息学、接受学等各门学科的相关成果，并将这些知识、成果与传播学本身进行系统而科学的整合。因此，传播学与其他学科有着千丝万缕的联系，邵培仁先生在其《传播学》一书中将传播学与其他学科的关系主要归纳为以下几个方面：

①传播学和社会学的关系

随着时代的发展，传播学已成为一门独立的学科，它不仅仅是一门研究社会组织、行为、问题的学科，更是一门深入探索传播过程、行为、意识及其相互影响的学科。它的出现标志着一个新的时代的到来，其影响力不仅仅局限于西方国家，更是一种全球性的文化交流。随着时代的发展，传播学不仅汲取了社会学的一些知识与方法，如调查、统计等，而且还从许多新兴学科中汲取灵感，以拓展它的视野。如今，它已经成为一门多元化的学科，为各种领域的研究提供了更多的可能性。

②传播学和心理学的关系

随着时代的进步，心理学已经成为传播学的核心组成部分，它以深入探索人类行为的内在机制、情绪变化以及社会环境等多种因素，为传播学的发展提供了强有力的支撑。它不仅可以弥补宏观研究的不足，还可以结合微观研究与心理研究，获得更加全面的认识。传播不仅仅是一种充满人文关怀的社交行为，它还为心理学提供了一个全新的视角，探索传播过程中的参与者、接收者、媒体以及被接收者的心理特征，从而让心理学的研究变得更加切实可行。这两种方法的共同点是都关注传播心理学。

③传播学与人类学的关系

传播学与人类学都是"关于人的科学"，通过探索人类身上所蕴含的多样性，以及其如何影响着全球范围内的自然与社会发展，可以更好地理解人类。因此，人类学旨在探索人类身体及其文化的多样性，而传播学则致力于探索人类如何通过不断变换的媒介来实现其文化传承。近年来，随着人类学与传播学的深入交流，它们之间的关系变得越来越密切，相辅相成，成为一种新的、有机的整合。传播作为一种独特的文化形式。因此，人类学家应该充分利用它的理论，如语言学、文化学和传播学等，来探索它们之间的关系，并为它们的发展提供新的思路。

④传播学与宣传学的关系

虽然传播学和宣传学在早期的研究领域存在相似的特征，但它们的差异却十分明显，它们的研究范围也存在差异。传播学将所有的信息传播活动都纳入考量，其中也包括宣传活动，而宣传学则更加侧重于劝说和思想的传播。通过研究传播学，可以更好地理解信息的传播过程，并利用这种理解来指导我们的宣传行为。相比之下，宣传学仅仅是通过研究其他领域的知识，来探究宣传的现象，揭示其中的规律，并仅限于这些领域的研究，无法完全解决所有的宣传问题。

⑤传播学与新闻学的关系

传播学和广义新闻学都属于"母子关系"和"父子关系"，但前者的影响力更为深远，后者的影响力更为显著，两者的关系更加紧密，更加密切。"报学"作为一种古老的新闻学，在当今的报纸媒体时代，它的研究范围更加广泛，涵盖了微观、局部、单向、业务和"术"等多个方面，并且着力探索新闻实践的本质；随着电子新闻的发展，传播学作为一门新兴的学科，不仅关注宏观的、全面的、双向的和理论的研究，更关注人类社会中所有的信息传播，也包括通过符号来表达和传达的意义。新闻学可以被视为一门独立的科学，它不仅可以收集、整理、分析信息，而且还可以帮助我们更好地了解社会现象，从而更好地把握当下的发展趋势。此外，它还可以被视为一门综合性的学科，可以帮助我们更好地把握当下的社会现象。

⑥传播学与历史学的关系

历史学是一门深入探索人类社会演化的重要领域，它不仅可以帮助我们了解过去的传播行为，还可以深入挖掘传播的历史背景、影响因素。更重要的是，它可以为我们提供一个更加全面的视角，让我们更好地了解传播的历史，更好地把握传播的机遇，更有效地实施传播，从而达到更好的传播效果。传播学致力于探索并促进人类的交流，对于推动人类社会的发展具有重要的意义，并且对政治、宗教、教育、文学、艺术等领域的发展具有重要的影响力。"以论观史"更加深入地指出，传播不仅是构成人类本质的工具，更是构成历史的基石；任何涉及精神活动或精神文化的历史都是由传播构成的。历史学以其对古老历史的深入探索与分析，将其与当下的社会环境相结合，以更加全面的视角来解读社会的变迁；而传播学则以其对当下的社会环境的敏锐观察与深入探索，以更好地满足社会的需求。

（4）传播学的五位奠基人及其主要贡献

20世纪中叶，五位美国学者在传播学的发展史上发挥了重要的作用。他们分别是拉斯韦尔、拉扎斯菲尔德、勒温、霍夫兰和施拉姆，他们的研究结果推动了传播学的发展。

①拉斯韦尔

拉斯韦尔（1902—1978），政治学家、社会学家、心理学家和传播学者，芝加哥大学博士，在耶鲁大学担任过教授，还担任过美国政治学会会长。他在政治学、传播学、社会学等诸多领域发挥了重要作用。他是宣传研究领域的先驱，并且对此产生了深远的影响，致力于从宣传的角度研究人类传播。拉斯韦尔还对传播学的许多基本理论问题进行过深入研究。

拉斯韦尔对整个学科体系的影响尤为突出，他的研究为政治学的发展作出了重大贡献，尤其是在宣传方面。

1948年，拉斯韦尔发表的《传播在社会中的结构与功能》标志着传播学的重大转折点。他首先提出了"5W"模型，以便更好地把握传播的本质，并且为传播研究的发展奠定了基础，进而为传播研究的深入探索和拓展奠定了坚实的基础。人类的传播行为可以归纳为5个基本要素：传播主体、传播内容、传播媒介、传播对象和传播效果。拉斯韦尔的"5W"理论，也被称作"5W"模型，是一种将5个基本要素结合起来的方法，它将它们结合起来，形成一个完整的系统，从而实现更大范围的信息传递和交流（表1-4-1）。

表1-4-1 拉斯韦尔的"5W"模式

who	谁	控制研究
says what	说什么	内容分析
in which channel	通过什么渠道	媒介研究
to whom	对谁	受众研究
with what effect	产生什么效果	效果分析

②拉扎斯菲尔德

拉扎斯菲尔德（1901—1976），美籍奥地利人，社会学家和心理学家，主要从社会学和心理学的角度研究传播媒介。拉扎斯菲尔德曾就读于维也纳大学，并取得了应用数学、哲学、人文学以及法学的博士学位。这30年的学习经历使他具备了丰富的知识储备，从而使他有能力探索大众传播的新领域，也使他有机会把统计学的理念运用到传播研究之中，从而拓展出一条全新的道路。拉扎斯菲尔德的理论和实践为后来的传播学发展提供了重要的指导和贡献。

1932年，拉扎斯菲尔德首次在维也纳运用实地调查法，开展关于广播的研究，并随后加入美国哥伦比亚大学的应用社会学研究中心，与著名的社会学家默顿一起工作多年。1940—1948年，他深入探讨了人们如何在总统选举中作出决定，并且提出了两极传播理论，以及意见领袖的概念，为当时的政治发展提供了重要的理论支撑。传播媒介的目的在于以一种有效的方式激发公众的共鸣，从而让更多的人受益。随着意见领袖的出现，人们开始意识到，有一种力量可以改变人们的思维和态度，而大众媒体的影响力有限，从而引发了拉扎斯菲尔德关于媒体效果的新发现，为大众传播研究提供了全新的视角。他的"二级传播理论"和"多级传播学说"为传播学的发展奠定了坚实的基础，并且对引领着"选择性接触机制"等具有重大影响力的理论。

拉扎斯菲尔德的"工具制作者"被誉为传播学研究的里程碑，其中提出的三角测量法，不仅可以从测量、收集数据和数据分析三个角度全面把握研究对象，而且还可以将定量、参与性、深入访谈、内容分析、个人传记、专题小组研究和焦点访谈等多种方法有机地融入社会研究之中，从而实现了一种全新的、具有里程碑意义的研究方法。拉扎斯菲尔德以其先进的抽样调查技术和量化分析方法，使传播学获得了全球的认可。此外，他还推动了美国早期传播学的发展，以及相关的理论探索，使之成为一门具有里程碑意义的学科。

③勒温

勒温（1890—1947）是一位杰出的德国社会心理学家，他在柏林大学取得了哲学博士学位，曾任柏林大学教授。1933年移居美国，寻求更多的知识和见解。他曾经担任过艾奥瓦大学教授的职务，但是他最终选择了麻省理工学院的群体动力学研究中心。

勒温被誉为"群体动力论"和"场论"的开拓者，他在麻省理工学院成立的团体动力学研究中心，致力于探索人类行为的内在机制，以及它们如何被控制。他专注于研究群体传播，深入研究了群体归属和社会规范如何影响着个人。他还进行了一系列重要的试验，第一个提出"把关人"这一概念，为新闻和信息的传播提供了重要的理论支持。他深入探索了群体如何影响个人，以及群体之间的关系，并且通过分析新闻媒介如何影响群体，为传播学的发展作出了贡献。

④霍夫兰

霍夫兰（1912—1961），耶鲁大学博士，美国实验心理学家，传播学奠基人之一。他致力于探索人类心理如何影响其行为，以及如何通过不同的方法和技巧来改善和培养一个人的态度。他被认为是首位将实验心理学应用于传播学的学者。

霍夫兰在传播学领域的贡献不仅体现在他首次将心理实验技术应用于研究，而且他还深刻地洞察了传播效果的形成机制，从而彻底颠覆了"子弹论"的效果观念。在1946—1961年，霍夫兰领导的"耶鲁传播与态度变迁计划"进行了大量的实验，累计达50项。为了纪念这一重要的历史时刻，耶鲁大学出版社收录了大量的研究成果，并在1953年发行《传播与劝服》一书，详细阐明了这一系列的理论框架及其所取得的成果。霍夫兰的研究为深入理解说服的机制奠定了基础，并且为后续的研究奠定了坚实的基础。他的理论框架，包括可靠性、抵御谣言的能力、恐慌的需求、睡眠的影响等，为当今的传播学研究带来了深远的影响。

⑤施拉姆

施拉姆（1907—1987），美国传播学家。施拉姆从小就开始学习演奏长笛。在1928年，他凭借出色的学业表现，荣膺文学学士学位。毕业后，他凭借自己的技艺，前往新英格兰音乐学院深造，最终在波士顿民用交响乐团担任长笛演奏员，实现了自己的梦想。1930年，他从哈佛大学获得了美国文学的硕士学位，并继续深造，他又从艾奥瓦大学获得了美国文学专业的博士学位，并最终在1932年取得了哲学博士学位。

施拉姆以其卓越的贡献，被称为"传播学鼻祖""传播学之父"，开创了第一个以传播学命名的大学，并获得第一个传播学博士学位，成为全球第一个拥有传播学教授职务的人。他创办的四个传播研究机构，不仅培养出大批优秀的研究生，而且还有许多后来成为美国当代知名的传播学家，令人叹服。1948年，施拉姆领导下的伊利诺伊大学成立了传播学研究所，为学生提供了全面的传播学教育，其中包括硕士学位、博士学位以及其他学术学位。1950年，施拉姆被授予全球第一个传播学博士学位，并被指派为该校传播学系的首席教授。1955年，施拉姆在斯坦福大学建立了一个传播学研究所，并于1973年担任夏威夷大学东西方研究中心传播研究所的首席研究员，为学术界作出了重大贡献。

1907年的美国，由于缺乏广泛的传播渠道，施拉姆的家乡几乎没有任何可以获取信息的机会。他的父亲曾经通过教堂和当地的社区活动，获取到当时的知识，但是随着时间的推移，这种方式已经不复存在。施拉姆深知传播对年轻一代的重要性，并且将此作为自己未来的研究方向。施拉姆的作品极具价值，他创作并出版了30部传播学专著，并且拓宽了自己的研究范围，涉及电视对儿童的影响、国际传播的信息流动、传播与第三世界国家的发展等。

施拉姆对传播学的巨大贡献在于他在前人研究的基础上，通过对拉斯韦尔、拉扎斯菲尔德、霍夫兰等学者的深入探索和系统总结，第一次跳脱传统的学术界限，将美国的新闻学、社会学、心理学和政治学等多个领域的知识融为一体，从而实现了一种全面而深刻的认识，把传播学作为一个独立的新兴学科，对已有的全部传播研究成果加以整合、提炼，使之系统化、科学化，为传播学勾画出一个完整的学科框架，使其成为一门独立自主的学科。因此，施拉姆是传播学的完善者，一些学者认为，他使传播科学从梦想变成了现实。施拉姆的学生、传播学者坦卡德曾经对施拉姆有过这样的评价："施拉姆对这门学科的最大贡献或许并不在于他自己的理论观点，尽管这些理论观点很重要，而在于他对传播的核心问题所勾勒的学说框架。也正是在这一点上，他使这门学科得以完善。"①

1949年，施拉姆出版了第一本具有权威性的《大众传播学》，标志着传播学的诞生。该书汇集了来自政治、心理、社会、语言等多个领域的杰出学者的智慧，为人们提供了一个全新的视角，深入探讨和解读传播的本质。施拉姆当时不仅致力于收集前人及其他学者的研究成果，而且将其进行了有效的组织与整合。

施拉姆在他的著作中提出了一个关于传播学未来的预测：在未来，传播学将经历一个重要的转折点，即由原有的"传播学"组织转变为一个全新的、更加完善的体系。随着新的命名方案的出台，过去对传播的划分和各种媒介的依赖已经被抛诸脑后，取而代之的是一种新的、更加合理的概念，即以传播学的核心原则为指导，形成一个完整的、统一的系统。

2. 教育传播学

教育传播学旨在综合运用传播学和教育学的理论和方法，研究和揭示教育信息传播活动的过程与规律，以求得最优化的教育效果。

（1）教育传播学的研究范围

教育传播学是一门涉及现代社会教育的学科，通过对教育信息传播活动与过程的研究，揭示教育传播规律，属于社会科学的范畴。

教育传播学主要研究以下内容：

①教育传播系统

教育传播系统的构成要素及相互关系与作用的研究等。

②教育传播过程与模式

教育传播过程的阶段分析与设计，教育传播的模式研究等。

③教育传播内容及传播符号

教育信息的本质与开发利用，符号的类型与本质，以及在教育信息传播中的应用研究等。

---

① 宫承波，管璘. 传播学史 [M]. 北京：中国广播影视出版社，2014.

④教育传播通道与媒体

教育传播通道的类型、选择与应用研究，媒体的分类和功能以及制作与使用的研究，教育传播通道中干扰的研究等。

⑤教育传播的传播者与受传者

作为传播者的教师应该具备的条件与地位，作为受传者的学生应该具备的条件与地位，以及二者的传播行为与传播心理的研究等。

⑥教育传播环境

教育传播环境的界定，教育传播环境对教育传播活动的影响，教育传播环境的优化与调控研究等。

⑦教育传播效果及传播应用

教育传播效果的测量与优化，教育传播效果理论的实践应用研究等。

⑧教育传播的研究方法

教育传播研究方法的类型，教育传播研究的程序与方法研究等。

（2）教育传播学与相关学科的关系

教育传播学应用传播学的相关理论来解析整个教学、教育的过程，而教学、教育过程就是运用媒体把知识、技能和意识传授给学生，学生则自觉、积极地学习，从而掌握知识、培养自己能力的过程。因此，教育传播学主要与心理学、教育学以及传播学等学科有着密切的关系。

人类是心理学与传播学所共同关心的对象，其中心理学侧重于传播活动是"谁"进行传播的特性与行为，心理学提醒传播学者注意人类并非机器，并不是机械地接受外界的影响；教育学为教育传播学提供了教学理论和学习理论；传播学则提供了研究教育过程的方法和技术。

我们可以清楚地看到，教育传播学是教育学与传播学的一个分支，属于交叉学科中的边缘学科，是传播学、教育学和心理学三者相互交叉、相互渗透的产物。

（3）教育传播学的研究方法

教育传播学作为一门独立的学科，坚持严格的客观性与科学性，运用系统的观点，采用理论与实践相结合的研究方法，主要有调查研究法、文献研究法、内容分析法、实验研究法、个案研究法与系统科学研究法等。

基于以上的研究方法，教育传播学研究的一般过程包括以下几个步骤：第一，从教育传播实践中提出问题；第二，选择课题；第三，预测与假设，确定研究对象；第四，研究设计；第五，资料与数据的收集与分析；第六，得出结论与修改；第七，验证结论（从理论与实践两方面）。

第二章 高职英语教学的基本范式

本章为高职英语教学的基本范式，主要介绍了三个方面的内容，依次是高职英语学科在高职人才培养体系中的作用、高职英语教学现状及问题、高职英语教学趋势。

第一节 高职英语学科在高职人才培养体系中的作用

一、迎合社会发展趋势

在当今大时代背景下，国与国之间的交往日益频繁，这就要求高职学生应该努力学习语言与文化知识，获取语言与文化技能。世界是一个地球村，经济全球化使得交际呈现多样性，因此在高职英语教学中，教师除了让学生提升自身的语言能力，还应该提升自身的跨文化交际能力，以应对交际中出现的各种变化。另外，随着多元社会的推进，要求交际者应该具备一定的合作能力与意识，无论是生活在什么文化背景中，都应该为社会的进步努力学习，树立自己的文化意识，用积极的心态去认识世界。可见，高职英语教学中的跨文化交际教学将英语的价值充分地体现出来，学生对跨文化交际知识的学习也与社会的发展相符，是中西文化交流不断推进的必出之路。

二、实现素质教育的必然要求

现如今，我国对于素质教育非常重视。作为一门基础课程，高职英语教学也是素质教育，乃至文化素质教育的重要项目。高职英语教学是实现素质教育的一个重要工具，也可以说是一个主要渠道。这是因为，高职英语教学除了知识传授外，还有文化素质与文化思维的培养，这与跨文化教学的要求有异曲同工之妙。

因此，在教学中教师必须将语言与文化的关系处理好，引入西方国家文化，汲取其中的有利成分，发扬我国的文化。

三、发展学生的批判性思维

在新的时代背景下，高职英语教学应该不断培养学生的批判性思维，让学生对本国文化加以反思，然后采用多元文化的有利条件，对文化背后的现象进行假设，确立自己的个人文化观念。

四、为学生创造学习异域文化的机会

当中西方两种文化进行接触与了解时，不可避免地会遇到碰撞冲突的情况发生，并且很多时候也会感到不适应。因此，高职英语教师应该帮助学生避免这一点，让他们有更多的机会了解异域文化，提升自身的文化适应力。

第二节 高职英语教学现状及问题

一、学生入学英语基础参差不齐

随着高职学生生源多元化、多层次和高职院校招生地域范围的不断扩大，学生的英语基础差距也日益加大。高职学生英语基础和英语水平差异明显，必然会给高职英语教学带来困难和挑战。一方面，一些学生英语词汇量匮乏，严重影响了他们的听力理解能力、语言阅读和表达能力的提高，更有相当多的学生在语音、语法学习方面存在很大的困难；另一方面，高职学生英语基础的参差不齐，也给组织教学带来了困难。如果按照一般的方法组织英语教学，往往由于学生英语学习需求的明显差异而很难达到良好的教学效果。

二、学生英语学习兴趣动力不足

高职院校学生英语学习存在学习动力不足、学习兴趣不浓等问题。究其原因，

不外乎以下几种情况：一是学生英语基础薄弱和差异明显，上课听不懂，学习英语存在困难，就会逐渐失去学习的兴趣和动力；二是教师未能因材施教，对学情调研不够，缺乏对学生的了解，教学针对性不强；三是教师课堂组织能力欠佳，教学形式单一，无法激发学生的学习兴趣和学习积极性。因此，高职英语教学管理部门和英语教师肩负着重任，需要改革教学组织和教学实施过程，不断激发学生的学习积极性和学习潜力。

第三节　高职英语教学趋势

一、探索教学模式发展

（一）突破创新"标新立异"的核心

在当今的社会中，高职英语教学正在努力朝着一个全新的方向前进。为了实现"标新立异"这一目标，我们需要大胆地探索和实践，以便更好地培养高素质的人才。通过不断的尝试和改革，我们希望能够打造一个独具特色的高职英语教学。

（二）以教学"民主化"发展为契机

"民主化"教育旨在推动高职教育的自由化，并且为学生的发展创造了一个宽松的环境。"开拓创新"教育则致力于通过不断的创新和实践，来提高教育的效果，培养出符合当今社会发展的优秀人才。通过不断探索和创新，我们可以将高职英语教学与科学发展的理念相结合。"民主化"教学以时代发展为背景，为高职英语教学提供了一个充满活力的环境，实现可持续发展。

二、优化课程内容

（一）够用为度，夯实语言知识

学习必要的语言基础知识是形成语言能力的基础，高职英语教学要坚持"够用为度"的原则，继续学习和夯实必备的英语语言知识。虽然我们反对英语课—

直围绕语法教学进行,将英语课上成语法课,但是这并不是说我们就不需要学习语法了。加强对必备的语法基础知识的学习是非常必要的,这是因为语言的基础知识不仅是构成语言能力的重要组成部分,还是培养和发展语言技能的重要支撑。

需要强调的是,学习必要的语言基础知识也并不意味着把学习语言基础知识作为课堂教学的唯一目的,我们不能把英语课当成语言知识课来上,而应当在语言基础知识学习的同时,辅以适当的实践训练,加强语言的实际应用,促进学生语言能力的形成。因为语言知识的学习最终的落脚点就是语言的运用,只有在学习基本语言知识的基础上进行实践训练,才能真正提高学生的语言综合运用能力。

(二)实用为主,强化能力培养

掌握语言技能是学习语言的主要目标。高职英语教学要注重培养学生运用语言的综合能力,这也是英语教学最基本的目标。语言技能包括听、说、读、写、译五个方面的基本技能以及其综合运用能力。听、读是语言的输入,侧重知识的吸收;说、写是语言的输出,侧重知识的表达;翻译既有输入也有输出。学生在交际过程中通过吸收和表达知识信息,不断地提高语言运用的能力。因此,在英语教学中,教师要引导学生通过大量的听、说、读、写、译的实践,提高学生综合运用英语的能力。可以说,在英语教学中,听、说、读、写、译不仅是学习英语的目的,还是学习的手段。

高职英语语言技能培养的重要特点是注重语言教学与专业的结合,培养学生在未来职场中的英语应用能力。因此在高职英语教学中,不仅要对学生夯实必备的语言基础知识,更要加强行业英语教学,开发行业英语课程,培养和提高学生基于未来工作岗位和工作过程的英语技能,提高学生的行业英语能力。要理论联系实际,课堂教学与现场教学相结合,不断提升行业英语教学的效果和质量,培养学生学以致用的能力。

语言能力的培养与学生心理因素和学习策略密切相关。高职英语教学要注重学生的心理因素。学生只有对英语学习抱着积极的态度,主动地参与学习,才能对英语持有无限的热情与动力,才能学好英语。在高职英语教学中,英语教师要坚持以话语为中心的英语教学方法,注重语言的整体性及连贯性,坚持以交际作为语言学习的根本目标，同时也将交际贯穿高职英语教学的整个过程。特别是在行业英语教学中，通过项目教学或任务教学等教学方法，培养学生在职场具体工作过程和任务中的涉外英语交际能力。

（三）素质为本，拓展文化素养

语言是文化的载体，与文化密不可分。我们学习英语，不仅是学习英语这一门语言，还要学习和了解英语语言背后所蕴含的丰富文化。经济、技术、商品、信息和人员等的全球交往和流动，使世界各国的文化突破了特定的地域环境和社会语境，融入全球性互动的文化网络之中。多元文化已成为文化的基本格局，文化素质的培养无疑成了高职英语教学的重要内容。

根据《高等学校课程思政建设指导纲要》，强调要求每个学校、每个教师以及每门课程都要负起育人的重要职责，把育人工作做到极致，把显性教育和隐性教育结合起来，营造出一个全面、综合的育人环境。在高职院校，英语课程包含了许多关于思想政治的内容，这对于培养学生的道德品质至关重要。

加强高职英语文化教学课程能够提升学生的国际理解力和竞争力，帮助他们用全面的角度和正确的眼光来审视和认识本国与他国文化，从而积极有效地推进国家间的交流与合作。文化教学也能帮助学生加深对中国文化的理解，增强他们的民族自尊心与自豪感，提升在跨文化交流中"说中国故事"，传播中华优秀传统文化的能力。

三、用好信息技术

开发优质英语教学资源、改进英语教学模式、拓展学生英语学习空间是深化信息技术在高职英语教学中应用、推动高职英语教学改革的重要内容，也是新时期加强信息技术和英语教学融合、提高学生英语自主学习能力和提高英语教学质量的重要途径。

（一）利用信息技术开发优质英语教学资源

英语教学资源是高职院校开展英语教学改革、拓展教学空间的重要载体和依托，现代信息技术为高职英语教学资源的开发提供丰富的手段和广阔的渠道。一是利用信息化技术开发多媒体课件，为教师的课堂教学提供生动、丰富的教学课件，提高课堂教学的效果；二是拍摄和制作高职英语微课视频，为学生课后自主学习和教师实施翻转课堂开展混合式教学提供素材和资源；三是开发高职英语在线开放课程，满足教师线上教学、远程教学和学生自主学习的需要；四是开发和建设高职英语试题库，为分层教学、分类考核和考试的科学化、规范化和标准化提供支撑；五是开发学生英语网上自主学习平台，为学生课后自主学习提供资源和学习空间；六是开发建设网上英语考试系统，满足学生自主学习、自我训练和测试的需要，提供更多学生英语学习自我评价的手段。

（二）创新信息化教学模式，提高英语教学质量

现代信息技术在教育中的广泛应用，为高职英语教学模式的创新和教学质量的提高提供了前所未有的机遇和条件。多媒体技术将图、文、影、像等教学资料统一地结合起来，让枯燥的文字充满色彩，这样的方式很容易激发学生的学习兴趣，提高英语课程教学效果；网络教学给学生的英语学习创造了一个完全自由、自主的学习空间，同时教师也可以通过网络给学生布置任务、跟踪学生学习进度、评定学生网络学习成绩，这在一定程度上减轻了教师和学生的负担，也有助于培养和提高学生的自主学习能力；在线开放课程可以同时面向大规模的学习对象，大大提高了教学效率，促进了优质教学资源的共享，可以较好地解决当前高职英语教师人员紧缺的困难，同时也为社会人员继续教育和终身教育提供了舞台和空间。

四、改进教学评价

教学评价是依据一定的教学目标和标准，对学生的学和教师的教进行系统的调查，并评定其价值的优缺点以求改进的过程。当前高职英语教学评价的改革应重点强化过程性评价，注重学习过程的监控，提高学生英语应用能力。同时拓展多元评价，提高教学评价的全面性、针对性和可靠性。现代网络信息技术的发展和在教育中的广泛应用，为教学过程性评价和多元评价的有效实施提供了技术保障和平台支持。

（一）重视学习过程，强化过程评价

语言能力的培养特别强调语言知识的平时积累和语言技能日常训练，因此，高职英语教学评价必须改变传统的只注重终结性考试的应试考核评价模式，应更突出过程性评价。过程性评价要求教师跟踪学生的学习过程，监控学生的学习进度和学习成效，对学生日常学习过程中的表现、所取得的成绩以及所反映出的情感、态度和策略等方面作出评价。加强过程性评价就是要激励学生日常学习，帮助学生有效调控自己的学习过程，使学生获得成就感，增强自信心，培养合作精神，打牢学习基础，提高学习效果，提升教学质量。过程性评价应尊重每位学生的学习速度、学习阶段和自我感受。

（二）注重教学合作，实施多元评价

随着人们对教学评价目标和功能认识的不断深化，教学评价不仅要评价教师的教，还要评价学生的学；不仅要评价学生在知识、技能、智力和能力等认知方面的提高，还要考核评价情感、意志、个性和人格等非智力因素的发展。因此，高职英语教学评价应实现从单一评价向多元评价的转变。一是评价标准的多元化。高职学生由于生源的多样化和学生英语基础的参差不齐，高职英语教学应采用分层教学分类考核，即不同层次的学生学习不同的内容，考核评价也要采用不同的评价标准，这样有利于因材施教，促进不同学生在原有基础上实现共同进步。二是评价主体的多元化。随着教学改革的深入和教、学共同体的逐步建立，对学生学习考核评价也要实现评价主体的多元化，不仅要有教师的评价，还要有同学互评和学生自评。这样不仅能使教学评价更加全面、客观、科学，而且学生多元主体的参与评价，也能调动学生平时学习的积极性和合作学习的意识，同时也能促进学生对学习活动进行反思和改进，从而有利于提高学生的自主学习能力和学习效率。

五、加强师资建设

师资队伍建设是高职教育改革发展的关键和保障。只有更高效推动高职英语教学改革，不断提升高职英语教学质量，加快高职英语教师队伍的培养和建设是当前高职英语教学改革的重点任务。高职英语师资培养需要在多方位、多领域开展，重点是加强英语教师课程思政能力的培养和教学能力的提升。

（一）加强师德教育，提高师资育人能力

立德树人是高职院校的根本任务，而教师的重点工作是教书育人。在高等职业院校中，需加强思想政治工作，落实立德树人的根本任务，进行深入的课程思政研究和实践。要实施课程思政，发挥其课程育人的重要作用，教师是关键。高职英语教学要承担课程思政职责、完成课程育人重任，就必须加强提高师德素养，提高课程思政能力。要加强师德建设，培养教师高尚的师德情操和良好的师德师风。德高为师、身正为范。高职英语教师要为人师表，以自己的言行影响学生，潜移默化培养和提高学生的思想政治素质和道德情操；加强教师课程思政能力的培养。高职英语教师要加强政治理论学习，不断提高自身的政治理论水平，为课程思政的实施打下理论基础；要加强对英语教师的课程思政教学培训，提高课程思政元素的挖掘、课程思政教材开发和课程思政教法的选择和创新能力；加强课程思政教学团队建设，根据英语课程模块设立课程思政小组，并和学校思政教师合作，组建混编教学团队，听取思政教师的指导意见，提高高职英语课程思政的针对性和实效性。

（二）加强师资培训，提高教师教学能力

为适应改革、提高教学质量，高职英语教师教学能力的提升是当务之急。教师教学能力的提高涉及方方面面，需要加强培训，加快落实。目前，高职英语教师教学能力培训重点应加强信息化教学能力和行业英语教学能力的培养。一是教师信息化教学能力的培养。信息技术的快速发展带动了经济社会革命性的变革，也给教育带来深层次的影响。"互联网＋教育"给教育带来全新的理念，促进了教学方式、教学模式的全面改革。高职英语教学也不例外，当前的教学改革重点是以创新教学、学习模式，显著提高教学效果为目标，充分应用现代信息技术，加快整合信息技术和英语课程，开发英语教学资源课、在线开放课程、在线自主学习和测试平台等，组织线上教学以及线上和线下混合式教学等。这些信息化教学的开展需要英语教师扎实的语言基本功，同时还需要较高的信息技术应用能力，

因此必须加强对教师的信息化能力的系统培养。二是教师行业英语教学能力的培养。行业英语是高职英语教学的重要内容，也是高职英语课程的特色。高职英语教师要胜任行业英语教学工作，不仅需要过硬的英语语言能力，同时必须了解行业相关知识，熟悉行业工作过程和工作任务。高职英语教师要通过建立行业英语课程组、旁听专业基础课程、参与企业实践和参加相关培训等方式不断提高高职行业英语教学能力，从而为培养学生行业英语应用能力和综合职业能力提供教学保障。

第三章 高职英语混合式教学的嬗变过程

本章为高职英语混合式教学的嬗变过程，分别介绍了三个方面的内容，依次是高职英语混合式教学的萌芽阶段、高职英语混合式教学的探索阶段、高职英语混合式教学的发展阶段。

第一节 高职英语混合式教学的萌芽阶段

在高职英语混合式教学的萌芽阶段，高职英语混合式教学从开始的基于手机移动学习的模式，后来发展到基于O2O开展学习的模式。下面我们对这两种模式展开论述：

一、基于手机移动学习的高职英语混合式教学

随着信息化时代的到来，一些移动终端设备给人们的生活学习带来了极大的便利。在高职英语教学中，通过手机开展移动教学，能够利用网络时代的便捷，让学生享受更高效率的学习，对提高高职英语教学质量有着重要意义。基于此，作者对基于手机移动学习的高职英语混合式教学模式进行分析，提出混合式教学模式开展策略，希望给相关人员提供一定的借鉴。

在高职英语课堂的教学活动上，通过智能手机开展移动教学，学生可以将手机作为课堂上在线翻译的工具，从而能够有效提升英语课堂教学效率和教学质量，学生通过移动学习能够对一些常见的学习问题进行解决，不断地对知识储备进行完善。而对于教师而言，应该将这种移动学习深刻落实到英语课堂中，将移动学习和传统教学模式进行深度结合，通过一种混合式教学模式来提高高职英语的教学效率，实现其在高职英语教学课堂中的应用价值。

（一）基于手机移动学习的高职英语混合式教学模式应用意义

在混合式教学模式的实践应用中，有着众多的现实意义，能够为高职英语教学开辟出信息化教学的道路，让教学效率更加高效，而这种现实意义主要体现在以下两个方面：

首先，这种混合式教学模式以互联网信息技术为基础，对于传统的课堂教学模式是一次重新建构，可以为高职学生提供更多的学习渠道，满足学生不同的学习需要，这是其应用意义的具体体现。在很多高职校园里，智能手机虽然已经成为不可或缺的通信工具，但是将智能手机用于学习的比例却非常小。而混合式教学模式的应用，可以引导学生通过移动式教学，对手机进行合理利用，通过一系列优质的互联网教学资源和学习 App，让学生在手机移动学习中形成一种契合的学习观念，在图片、视频以及音乐等众多英语学习场景中增强自身的学习动机。从而在和传统教学模式混合的基础上，实现学生的趣味学习，帮助学生建立起自主学习的习惯。

其次，基于移动学习的混合式教学模式应用，学生可以利用手机在一些零碎的课外时间进行移动学习，并且可以通过手机和教师随时随地进行在线交流，对自己学习上的不足进行反馈，能够有效提高教学质量。总之，混合式教学模式在高职英语教学中能够为学生提供更多的学习渠道，并且对弥补传统教学课堂中的不足，有着重要的现实意义。

（二）基于手机移动学习的混合式教学模式开展策略

1.混合式教学模式教学准备阶段的开展

在混合式教学模式的开展上，首先需要在教学准备阶段让学生对相关课程进行了解。可以通过一些云学习 App，建立起一种云课堂，教师可以将需要学习的课件资料、新词汇、新句型以及相关学习视频等进行上传，让学生通过移动学习对将要学的课堂知识有初步了解。在学生对相应的学习任务进行学习以后，需要将自己在课堂延伸中查找到的资料和视频，或者是自己对知识的想法和见解上传到云课堂中，更加高效地学习。而且在混合式教学模式的准备阶段，教师还可以通过云课堂发布相关的学习通知，更加高效地开展教学。总之，这种移动式的教学方式，为高职线下英语教学课堂提供了充分的教学基础，让实际教学能够有效展开。

2. 混合式教学模式教学实施阶段的开展

而在混合式教学模式的课堂教学实施阶段，首先需要教师利用相关视频进行课堂导入。对教学准备中在云课堂上所提出的问题，进行分组的讨论分析。在这一过程中，教师可以通过组织启发式提问、头脑风暴等课堂活动来对学生的思维进行拓展，和移动学习充分融合，对课堂话题和相关的英语句型结构进行自然导出。然后教师就要对课堂上新的句型结构和英语专业对话进行展示，这个环节要充分发挥传统教学模式的作用，通过课堂上的英语句型带读、重点短语操练以及个别单词详解等，对教学重点和难点进行深刻解读，让英语教学更加高效地展开。同时混合式教学模式的实施阶段，还需要将传统教学模式课余时间和移动学习进行结合，教师在互联网云课堂上布置相应的情境对话任务。学生在课下进行自由对话，通过朗读和配音等方法让学生练习自己的语感，并且学生还可以通过将对话录制上传到云课堂上，为学生的口语提供一个展示自己的平台。最后在传统教学课堂上，教师根据云课堂对话对学生进行现场指导，更有利于学生英语水平的提高。这种传统教学课堂和移动学习融合的混合式教学模式，能够让学生充分利用学习时间，在更多的教学资源下开展高效学习。而且在这种混合式教学模式的开展中，教师还要以混合式教学为载体，加强对教学资源的整合，对学生的综合素质进行提升。比如，可以在移动教学中建立起微信公众号，为师生的深层次交流提供一个平台，并且也可以及时地推送信息，将一些网络学习资源整合后发布，能够实现高职学生英语的可持续学习。

3. 混合式教学模式教学评价阶段的开展

在混合式教学模式中，需要注重在教学评价阶段和移动学习进行深刻结合，教师既要在云课堂上布置相应的学习任务，又要根据任务完成情况来进行评价、指导以及鼓励，这是混合式教学模式应用的具体表现。通过以手机为基础的移动学习，学生的传统课堂表现以及云课堂任务都可以转化为相应的学习数据，能够为学生的英语学习提供客观的指导。并且通过这种教学评价阶段，教师还需要根据学生学习中的不同特点，对学生的学习及时跟踪，构建起反馈和教学同步的混合式教学模式。比如，在混合式教学模式的评价环节，教师对传统的教学结束评价反馈过程作出改变，并对教学课前和课中的反馈重视起来，通过这些反馈来实施一定的教学干预，更能够提高高职英语教学质量。教师可以通过手机建立起相应的QQ群，在课前和课中通过QQ群在线收集意见，这样得到的教学反馈更加直观，对学生的教学情况会有更充分的了解。能够根据相关的教学评价作出一定的教学干预，能够让英语教学更有针对性，更能够在查漏补缺中提高教学质量。最后混合式教学模式的教学评价，还需要将学生平时的学习态度和学习量化行为充分纳入评价体系中，这可以在一定程度上激发学生的学习积极性，对学生英语的自主学习能力进行培养。

综上所述，在高职英语教学中，为了适应信息化趋势，需要加强移动学习的应用和传统教学模式相结合，实行混合式教学模式。不仅能够为学生提供更多的信息渠道，而且对弥补传统教学课堂中的众多不足，有着重要的应用价值。具体应用上，需要利用移动学习做好相关的教学准备，并且在教学实施阶段将移动学习和传统教学课堂充分结合起来，最后做好相关的教学评价，才可以推动混合式教学模式的展开，提高高职英语教学的质量。

二、基于O2O模式的高职英语混合式教学

O2O的教学模式是指线上和线下教学相结合的教学模式。O2O模式是一种新型的教学模式，它基于混合式教学，将传统教学和网络教学相结合。这种高职英语混合式教学模式的应用越来越广泛，因为它能兼顾到学生个体的差异，提高英语学习效果。这种教学模式不仅可以提高学生的自主性，还能够根据每个学生的个性需求进行针对性的教学工作，从而提高高职英语的教学成效。

O2O模式是一种将传统教学和网络教学相结合的新型教学模式。在高职英语教学中，采用混合式教学模式可以更好地满足学生个体差异的需求，提高英语学习效果。混合式教学模式将传统教学和网络教学相结合，取长补短，不仅提高了学生的自主性，还能够根据每个学生的个性需求进行针对性的教学工作，从而提高高职英语的教学成效。

总之，基于O2O模式的高职英语混合式教学模式是一种创新的教学方式，

可以更好地满足学生的个性化需求，提高英语学习效果。实施混合式教学模式需要对课程内容进行重新设计和规划，为学生提供适当的在线学习资源和平台，并对教师进行培训和提高。同时，需要对学生的学习情况进行跟踪和评估，以便及时调整教学策略和课程设计。这样才能够确保混合式教学模式的有效实施，提高高职英语教学的质量和效果。本节将探讨基于 O2O 模式的高职英语混合式教学模式的内在含义，并提出实施策略。

（一）基于 O2O 模式的高职英语混合式教学模式的内在含义

高职英语混合式教学模式不是传统教学和网络教学的简单结合，而是将多种因素有效地融合在一起，包括学习环境、模式、资源和主体等。这种教学模式为高职学生提供了更加灵活自由的学习方式，他们可以在课堂上跟随教师的讲解学习，也可以通过网络平台自主探索学习。同时，他们可以选择使用教材或在线视频资料进行学习，这种多元化的教学方式使学生能够更加全面地掌握知识。

基于 O2O 模式的高职英语混合式教学模式，不仅充分发挥了教师和学生的主观能动性，而且形成了良好的互动关系，教学和学习同等重要。在这种模式下，教师不再是单纯的知识传授者，而是更像一个引导者和指导者，通过引导学生自主探索和思考，激发他们的学习兴趣和动力。同时，学生也不再是被动接受知识的对象，而是积极参与到学习过程中，通过互动交流和合作学习，不断提高自己的能力和水平。

这种教学模式的优势在于促进了教学形式的多元化，使学生能够更加自主地选择适合自己的学习方式。同时，这种模式也为学生提供了更加广泛的学习资源和机会，使他们能够更好地掌握知识和技能。此外，这种教学模式还能够提高学生的学习效率和成果，因为它能够更好地满足不同学生的需求和特点，使每个学生都能够在自己的节奏和方式下进行学习。

（二）开展基于 O2O 模式的高职英语混合式教学模式的措施

本文介绍了高职英语混合式教学模式的发展和应用。该模式基于 O2O 模式，通过引导教师和学生主体化的角色转变，实现了高职英语教学的全方位互动。混合式教学模式不受时间和空间的限制，为师生提供了更加灵活的学习方式，促进了高职英语教学的充分发展。作者认为，实施高职英语混合式教学模式可以从以下几个方面入手：

1. 打造全新高职英语混合式教学模式

随着高职英语混合式教学模式的实施，教师和学生的角色也发生了变化，主客体之间可以相互转换。采用高职英语混合式教学模式可以促使学生和教师共同参与教学过程，更好地激发学生的参与度，充分发挥他们的特长。教师变成了学生的指导者和协作伙伴。教师可以通过引导、激励和启发学生来促进他们的学习兴趣和动力，同时也可以从学生那里获得新的思路和想法。学生则不再是被动接受知识的对象，而是变成了积极的学习者和参与者。学生可以通过自主学习、小组讨论和课堂演示等方式来展现自己的学习成果和想法，同时也可以与教师和同学们进行互动交流，共同探讨问题。这种混合式教学模式不仅可以提高学生的学习效果和兴趣，还可以培养他们的创新思维、团队合作能力和自主学习能力。因此，教师和学生应该共同努力，把高职英语混合式教学做得更好。

2. 更新教学理念，转换教师自身角色

混合式教学模式加入了网络教学，对高职英语教师提出了更高的要求。他们需要制订并实施线上和线下的教学计划，同时也需要安排好面授课程的教学内容。虽然混合式教学模式是与网络信息技术相结合的，但仍然要把课堂教学作为网络学习基础。因此，高职英语教师需要充分利用上课时间，安排好课堂教学内容，与学生一起完成教学活动，并解决他们在上课过程中提出的问题。同时，还需要帮助学生理解和灵活应用所学知识，协助他们掌握在课堂上学习到的内容。除了面授教学，高职英语教师还需要根据课程和内容制定网络教学资源，并在网络学习平台上向学生发送学习资料，布置预习和复习任务，巩固所学的英语知识。这样网络学习和课堂学习可以相互补充、相互促进。

然而，混合式教学模式对高职英语教学要求更高，教师的角色也变得更加复杂。在混合式教学模式下，高职英语教师需要扮演引导者、监督者和实施者等多重角色。因此，高职英语教师需要承担更多的责任，以促进混合式教学模式的实施。总的来说，混合式教学模式虽然减少了教师面授课程的时间，但实际上增加了教师的工作量。高职英语教师需要在课堂教学的基础上，制定网络教学资源并向学生发送资料，同时根据每个学生的实际情况，发送符合他们英语能力水平的网络教学资料。这样才能全面提高各个程度学生的英语能力，让他们更好地掌握英语知识。因此，高职英语教师需要不断提升自己的教学能力和技术水平，以适应混合式教学模式的要求。他们需要不断更新自己的教学理念和方法，积极探索新的教学模式和工具，以提高教学效果。同时，他们还需要与学生保持良好的互动和沟通，了解学生的需求和反馈，并根据学生的反馈及时调整教学的内容和方法，以更好地满足学生的需求。

总之，混合式教学模式为高职英语教学带来了新的机遇和挑战。高职英语教师需要在传统课堂教学的基础上，合理利用网络教学资源，制订并实施线上和线下的教学计划，扮演多重角色，提高自己的教学能力和技术水平，与学生保持良好的互动和沟通，以更好地促进学生英语能力的提高。

3. 建设优良的高职英语课程网络学习资源库

高职英语混合式教学模式是基于O2O模式的，因此必须建立一个优质的网络资源库来支持。网络资源库中的资源质量直接影响到学生学习质量。因此，建立一个优良的网络资源库是实现高职英语混合式教学的前提条件。在选择网络学习资源时，需要考虑以下几点要求：首先，网络学习资源应与课堂学习的基本内容相符；其次，网络学习资源应与学生的英文水平相匹配；最后，网络学习资源应该具有活泼生动的特点，能够吸引学生积极地学习英语知识。

为了提高高职英语网络资源库的使用效率，教师在建设过程中做好整理和分类，给学生带来更多便利。这样可以更好地将高职英语混合式教学的课堂学习与网络学习相结合，从而提高学生的学习效果。

4. 做好课内外的师生互动

基于O2O模式高职英语混合式教学模式打破了时空限制。在这种模式下，没有明确的上下课时间，教师可以随时上线，与学生互动交流。同时，学生也可以即时地向教师提出问题，教师要适时解答，这种互动活跃了师生之间的关系。在高职英语混合式教学模式下，良性的师生互动涉及课堂内与课堂外。在这种模式下，师生之间可以进行线上和线下的交流。此外，学生之间也可以互相交流，这种互动不仅是师生之间的补充，还可以开展小组学习活动，营造积极的学习氛围，激发学生更好地学习英语的热情。总之，O2O 模式为高职英语教育带来了全新的教学方式，让教师和学生之间的互动更加灵活自由。这种混合式教学模式不仅能提高学生的英语水平，还能培养学生的自主学习能力和团队合作精神。在这种模式下，教师不再是单纯的知识传授者，而是更像一个引导者和指导者。教师可以根据学生的实际情况进行个性化教学，帮助学生更好地掌握知识。同时，学生也可以根据自己的兴趣和需求进行自主选择和安排学习的时间和地点，提高学习效率和兴趣。

第二节　高职英语混合式教学的探索阶段

在高职英语混合式教学的探索阶段，高职英语混合式教学从开始的"翻转课堂"混合式教学模式，到后来出现了高职英语跨时空混合式教学模式与智慧课堂。下面我们对这两种模式展开论述：

一、基于"翻转课堂"教学模式的高职英语混合式教学

随着课程改革的不断推进和深化，高职英语的教学模式也发生了极大的改变，翻转课堂教学理念开始进入人们的视野并逐渐成为高职英语教学的重要教学理念，受到广大师生的青睐。高职英语"翻转课堂"混合式教学模式对于高职英语学生学习兴趣的激发、学习能力的培养和语言实践能力的提升具有积极的促进作用。本节分析了高职英语"翻转课堂"混合式教学模式对高职教学的意义，并在此基础上设计了高职英语"翻转课堂"混合式教学模式，希望能为高职英语教学活动提供参考和借鉴。

（一）"翻转课堂"混合式教学模式运用于高职英语教学的意义

1. 跟上信息化时代潮流

随着现代技术的迅猛发展，人类社会逐步步入信息化时代。信息化是时代发展的大趋势，其影响已经扩散到社会发展的各个领域。高职教育作为人才培养的重要途径，也受到了信息化浪潮的冲击。为了顺应时代发展，教育部于 2012 年 3

月颁布了《教育信息化十年发展规划（2011—2020年）》，其中第五章明确提出要加快职业教育信息化建设，支撑高素质技能型人才培养。为了提升教学质量和水平，必须抓住教育信息化的机遇，大力开发数字化教学资源，推进现代化教学手段和方法改革，促进优质教育教学资源共享。同时，也要推动信息技术与高等教育深度融合，创新人才培养模式，拓展学生学习空间，促进学生自主学习。随着时代的进步，教育教学手段也应该与时俱进。因此，在高职英语教学中运用"翻转课堂"混合式教学模式，是顺应信息化发展时代潮流的重要举措。这种教学模式不仅促进了信息技术与课堂教学的深度融合，还深化了信息化教学改革。同时，这种模式也为高职英语教学带来了新的思路和方法，拓展了学生的学习空间，促进了学生自主学习的热情。因此，在高职英语教学中采用"翻转课堂"混合式教学模式，可以让学生在课堂上更好地理解知识点，同时也能够在课后进行深入的学习和思考。通过这种方式，学生可以更好地掌握知识，提高英语听、说、读、写的能力，培养学生的自主学习能力和创新思维。同时，"翻转课堂"混合式教学模式也促进了信息技术与高等教育的深度融合，推动了信息化教学改革。

2. 推动教学理念更新

"翻转课堂"混合式教学模式的出现给高职英语教学带来了新的思路和方法。这种教学模式将传统的教学方法与现代网络课堂相结合，实现了理论和实践的有机结合。同时，"翻转课堂"突出了以学生为中心的个性化学习，将课堂资源最大化配置，使知识内化环节从课外移至课内。这有效地改善了传统课堂中学生无法及时巩固新知识而影响学习效果的问题，真正实现了深度学习。通过微课等手段进行的"翻转课堂"教学，颠覆了传统的授课形式，构建了以师生讨论答疑为主的互动式课堂教学，使课堂变成了师生之间、学生之间互动的场所。这种教学模式体现了"以学生为中心"的指导思想，激发了学生自主学习的兴趣，达到了最优化的学习效果。同时，"翻转课堂"教学模式也促进了教学理念的转变，引发了一场学习和教育的革命。它引领着新一轮的高职课堂教学改革，为传统的高职英语教学带来了新的教学方法。

3. 培养英语学习兴趣

国内学者认为，翻转课堂是对混合式学习优势的绝佳体现，能够促进新型师生关系建设、更好进行教学资源利用与研发。在移动互联网技术背景下，高职英语"翻转课堂"混合式教学模式改革是对传统教育理念和人才培养模式的创新，对教师和学生都有着重要的提升作用。首先，高职英语应用"翻转课堂"模式改变了学生被动学习局面，转而采用学生自主质疑、自主学习、自主探究与合作等方式。这种教学模式很大程度上缩短了教学时间，为教师提供更多的时间来帮助学生解决学习过程中遇到的问题，同时也激发了学生的学习主观能动性。其次，采用翻转课堂教学模式可以引导学生自主发现知识，找到问题并思考解决方法，从而让学生在英语学习过程中了解和获取他们自己想要的知识。这种教学方式不再是教师单方面灌输知识，而是让学生自主探索和发现，提高了学生的学习效率和自主学习能力。同时，信息化技术的广泛应用也为学生提供了更多课外学习的机会。例如，手机英语 App 和校园移动网络英语教学平台等，为学生创造了便捷学习环境，满足学生移动化自主学习的要求。在这种教学模式下，学生从"被动接受"转变为"主动探索"，激发了他们的学习兴趣和积极性，有利于促进学生的全面发展。总之，翻转课堂教学模式是一种创新的教学方式，能够体现混合式学习的优势。它不仅有助于构建新型师生关系，促进教学资源的有效利用和研发，而且能够提高学生的学习效率和自主学习能力，激发他们的学习兴趣和积极性，有利于促进学生的全面发展。特别是在移动互联网技术背景下，高职英语"翻转课堂"混合式教学模式改革，更是为传统教育理念和人才培养模式注入了新的活力。

（二）高职英语"翻转课堂"混合式教学模式的研究设计

1. 教学环节设计

（1）课前预习

在课前，教师会结合教材和学生的实际情况制定教学目标，并制作微课小视频。这些小视频一般选取单元里具有代表性的教学内容，录制时间是5~8分钟。在制作小视频时，教师需要精心设计时间和内容，突出教学重点，同时也要考虑学生的实际水平和理解接受能力。制作好的微课小视频会通过微信等网络平台发送给学生，教师要求学生在课前预习，按照教师的要求观看微课小视频，并自主学习微课内容，查阅相关资料，完成预习任务，直到问题解决。学生可以以小组的形式分工合作有序完成教学任务，或者根据自身英语水平反复观看、揣摩、思考和讨论微课小视频。此外，学生还可以随时与教师通过网络软件进行交流，获得辅导。为了促进学生之间的互动和交流，教师可以建立"互动讨论区"，允许学生相互讨论。总之，通过微课小视频的制作和使用，教师可以更好地满足学生的个性化需求，提高教学效果。同时，学生也能够在自主学习的过程中更好地理解和掌握知识，提高学习效率。因此，在教学中，微课小视频已经成为一种非常有效的教学手段，受到越来越多教师和学生的欢迎。

（2）课中学习

在"翻转课堂"混合式教学模式中，教师会结合学生学习微课的反馈信息归纳普遍性问题，找到学生学习薄弱点。然后，教师会组织学生形成小组，通过多种方式来完成教学任务，如课堂小组讨论、辩论和演讲比赛等。这种混合式教学模式始终把学生放在核心地位，鼓励学生自主展示项目进展和成果，把相关信息反馈给教师，以便得到更具针对性的帮助与指导。同时，各组学生之间也可以互相展示以及互相点评，进行立体交叉式评价，分享项目成果。这种教学模式真正实现了自主性和个性化学习，让学生从知识的被动接受者转变为主动探究者，激发了学生的学习积极性和能动性。在这个过程中，教师的角色也发生了转变，不再是知识的灌输者，而是引导者。教师通过组织课堂教学活动，引导学生主动学习，并检验他们的学习成果，注重培养学生的自主性和创造性，让学生在实践中掌握知识和技能，提高他们的综合素质。

（3）课后拓展

混合式教学模式强调了课前预习、课中合作学习和课后巩固拓展的重要性。在这种模式下，教师可以利用微信等平台根据学生的表现，精心设计并发布课后作业。这些作业针对学生学习中的薄弱环节，包括教学重点和难点等内容。学生可以通过网络平台提交作业，形式可以是音频或视频等。同时，教师也可以随时与学生沟通，解答他们提出的疑问，并对学生的学习效果进行检查。除此之外，教师还可以提供相关课程知识视频链接，让学有余力的学生进行课外延伸学习，让不同层次的学生的多样化需求得到满足。这种混合式教学模式不仅可以提高学生的自主学习能力，还可以更好地满足不同学生的个性化需求。通过课前预习和课中合作学习，学生可以更好地理解和掌握知识点，而通过课后巩固拓展，则可以加深对知识的理解和记忆。

2.教学评估过程设计

考虑到混合式英语教学模式的独特性，运用过去落后的教学评价模式，已然无法成功完成教学评估任务。所以想要在真正意义上提升本教育理念，必须在教学评估当中引入多元化形成性评价方法。形成性评价包括的内容有很多，比方说运用提问测验等方法了解学生课前预习、课堂学习表现，当然也涉及小组互动当中的合作程度以及参与效果、课后练习完成度等方面的评估。形成性评价方法和过去的评价方式相比，显得更加全面，能够科学客观体现出学生的学习状态与整体表现，可以有效调动学生的学习热情，让学生在参与评价的进程中得到整体提高。

伴随信息化时代的来临，高职英语教学改革拥有了强大的动力，当然在这其中有机遇也有挑战。高职英语教师在面对挑战的过程中，应该保持积极态度，恰当运用数字化教育资源，优化翻转课堂混合式教学模式，激发英语教育活力。虽然翻转课堂混合式教学模式在当前还面临不少问题，如学生欠缺主动性等。但实践证明，翻转课堂混合式教学模式符合当前教育信息化改革的发展要求，也符合学生个性化学习和教学方式多元化的发展需求。这种创新的教学理念为我国当前的高职英语教育提供了可行的借鉴模式，有利于促进高职英语教育改革，很可能成为未来英语教学的主要模式。因此，高职英语教师应该不断探索和实践翻转课堂混合式教学模式，不断完善和改进教学方法，以更好地适应信息化时代的发展需要，提高教学质量和效果。同时，也需要加强对学生的引导和激励，培养他们的自主学习能力和创新思维，让他们成为学习的主体。只有这样，才能真正实现高职英语教育的转型和升级，为培养适应社会发展需要的高素质人才打下坚实基础。

二、基于跨时空混合式教学模式与智慧课堂的高职英语混合式教学

智慧课堂以培养创造型、智慧型人才为目标，是今后高职院校提高课堂教学

有效性的一个重要方向。《国家教育事业发展"十三五"规划》指出的一个重要问题是信息技术和教育教学展开深度融合，激励学校加强大数据技术的运用，并在技术的支持之下收集整理与反馈教与学信息，支撑针对性教学的开展和学生个性化学习实践的推进。同时，该规划还积极支持各级、各类学校打造智慧校园，整合运用多样化的现代技术手段，比如 AI 技术、大数据技术、VR 技术等，探索未来教育的创新发展模式。在这样的大环境下，智慧教育得到了高度关注，智慧校园建设也迅猛发展，推动了智慧课堂教学落实。高职学校面对这样的机遇与挑战，应该着力探索特色化的信息化教学道路，坚持打造新的教学方案。

（一）智慧课堂的内涵

1. 什么是智慧课堂

智慧课堂是教育信息化和智能化发展的高级形式，代表了现代教育的更高水平。随着云计算和大数据等信息化教学手段的发展，课堂教学方式、学习方式、教学环境、学生思维模式都发生了深刻变化。这种变革必然推动课堂教育相应地进行改革，以智慧引领的课堂将会焕发夺目光彩。在智慧时代，教育必然要走向培养具备创新力和创造力的人才，这是智慧教育的新任务和重要任务。因此，我们需要根据时代发展的需求来重新构建现代化的教育，创新教育环境与模式，将工业时代的教育升级为智慧时代教育。因此，智慧课堂就是以培养高智能以及创造力丰富的人才作为重要目标，凭借多元化的信息技术手段构建良好的"云＋端"学习环境，做好对学情的研究，工作智能化推送学习资源，落实多元化教学措施，在记录学生整个学习过程的同时给予多元性智能评价，把新型课堂打造得更为完善。

2. 高职智慧课堂的必要性

智慧教育和智慧校园是高校数字化建设的重要任务之一。而对于高职院校来说，其使命是培养创新型技术技能型人才，这与智慧教育的目标不谋而合。尽管高职院校学生的基础知识相对薄弱，但他们具备很强的实践操作能力。在高职课堂教学中应该利用并且挖掘这样的优势，让学生真正动起来，调动学生的实践热情，激活学生的创新创造思维。高职智慧课堂要创新改革的内容有很多，主要涉及教学环境、方法、策略、内容、评价等方面，同时还要求扭转过去学生的被动学习状态，鼓励学生开展创新性学习，消除影响学生创新品质培养的障碍，顺利推动高职院校智慧型、创新型人才培养目标的达成。

（二）移动互联云平台的核心特点

1.移动互联云平台的优势

（1）支持泛在学习

智慧课堂需要配备相应的网络教学平台来支持教学。泛在学习是一种可以让任何人在任何时间、地点获取所需信息的学习方式。与以往基于PC端的网络教学平台不同，移动云平台提供了多种学习方式，包括集中学习和自主点播学习。这种分布式的学习环境可以有效地突破时空限制，实现随时随地的学习。学生可以利用移动设备根据自身需求，在多样化的学习空间里以多样化的方式进行学习，实现资源间、生生间和师生间的互动，享受个性化学习的乐趣。同时，移动云平台还支持5A学习方式，即Anyone（任何人）、Anytime（任何时间）、Anywhere（任何地点）、Any style（任何方式）和Any device（任何设备）。这种学习方式可以让学生在不同的场景下进行学习，如在公共交通工具上、在家中或者在咖啡厅里。学生可以根据自己的兴趣和需求选择不同的学习方式和设备，如使用手机、平板电脑或笔记本电脑进行学习。这种灵活多样的学习方式可以让学生更好地适应个性化学习，提高学习效率和兴趣。同时，移动云平台还支持零碎时间的颗粒化学习任务，学生可以在空闲时间完成一些小的学习任务，从而更好地利用碎片化时间。

（2）构建移动互联的学习环境

移动互联信息技术为智慧课堂建设带来了全新的教学环境，当然也给学生提供了更多智能化的学习资源。这些智慧资源为智慧学习与教学的展开带来了有力支持，是一种宝贵的新型数字化学习资源。通过对大数据技术手段进行学情研究，能够把握学生的学习需要和兴趣喜好，确保资源供给的个性化和针对性，当然也可以及时把结果分析信息反馈给教师，促使教师针对性调整教学方法。移动互联学习环境的建设有助于建设校企联合共同体，保证学生的英语学习质量。

(3) 支持交互式数字教材

交互式数字教材是一种全新的学习方式，它不同于传统的纸质教材和普通电子教材。这种教材融合了移动学习、富媒体数字出版和云服务等前沿技术，以满足学生学习的需求。通过重新设计媒体编排和交互设计，交互式数字教材为学生提供了丰富、可扩展、可互动、进度可跟踪和精致化的学习体验。与传统纸质教材相比，交互式数字教材更加灵活多样，可以随时随地进行学习，不受时间和空间的限制。同时，它还能够根据学生的学习进度和兴趣爱好，提供个性化的学习内容和推荐。交互式数字教材还可以通过多媒体、动画、游戏等形式，使学习更加生动有趣，激发学生的学习兴趣和积极性。此外，交互式数字教材还具有云服务的特点，学生可以随时随地访问教材和相关资源，方便快捷。同时，教师也可以通过云服务对学生的学习情况进行实时监控和反馈，及时调整教学策略，提高教学效果。

2. 移动互联云平台与智慧课堂的内在联系

移动信息技术和教学的融合，并不只是可以补充课堂教学，还可以方便开展慕课教学、翻转课堂、混合式教学等，进而扭转过去乏味枯燥的教学模式，给课堂教学注入活力与生机，保证教学与学习的效率。基于无线互联网环境以及大数据思想的支持，打破班级授课制度当中因材施教与个性化教学实施的困境已经不再是难题，能够让学生享受跨时空的个性化创新学习。

第一，通过对移动信息技术进行利用，可以把线上与线下教学整合起来，变更师生角色，满足学生创造性学习需要。

第二，通过对移动云技术平台进行合理运用，把多元化教学策略融合起来，基于多样化的教学媒体，整合网络学习环境和传统课堂教学环境化解高职教学当中的一系列难题，比如学生数量多、面授时间短、时间与经济成本高、学习效率与质量不显著等。把过去的面授教学和如今风靡的在线网络教学整合起来，建立教与学并重的新型教学设计模式，可以在推动移动信息技术和学科教学深度融合的过程中，帮助学生适应新的学习方式。

第三，学生的学习需求丰富多样，借助移动云平台建设个性化学习模式。

第四，实现教学和学习跨时空移动，在大数据技术的支撑下，始终掌握学生的学习动态信息，并对教学方案进行及时调整，可以让高职教育适应新时代教育环境，培养创新人才。

（三）构建高职英语跨时空混合式教学模式

课堂教学是高职院校工作核心，同时也是培养优秀人才的关键。过去的英语教学只是关注课堂教学当中的对话练习，但是英语这门语言的最有效学习策略是学生可以随时随地用英语交流。因此，我们需要一种新的教学模式，即跨时空混合式教学模式。这种模式利用"云+端"移动设备构建师生同步异步空间，将线上和线下的资源融合起来，并利用大数据分析动态调整学习资源。通过这种方式，我们可以为高职学生提供适合他们学习的内容，开展多种教学策略，让学生在线上和线下都能够实现英语的输入和输出。这样一来，学生的英语交际和沟通能力也会得到提高。这种教学模式不仅可以让学生在课堂上进行对话练习，还可以让他们随时随地使用英语进行交流。因此，跨时空混合式教学模式成为一种非常有效的教学方式。

1. 重构"云+端"跨时空学习空间

泛在式学习环境的打造能够让学生的学习变得更加轻松与有效。智慧教育的核心在于以技术为支撑，打造智能化学习环境，让教师可以全方位施展高效率教学方法，让学生从中得到个性化学习服务以及愉悦的学习体验，培养具备无限创造潜能的人才，帮助学生建立正确价值观。因此，学习环境是智慧课堂建设的关键。使用移动云平台大数据分析学生的特征，建设互通互联的学习氛围，点对点提供学习材料。以高职商务英语课程为例，该课程建立了跨时空的"云+端"学习环境。在这个环境中，教师和学生分别置于不同的云空间，实现了课前师生异步、课中师生同步和课后师生异步的学习模式。在课前，教师为学生提供微课、音视频文本材料，并下发任务书，让学生进行自主学习。在课后，学生进行拓展性训练，并将创造性学习成果上传至云端。虽然教师和学生处于不同的空间，但是移动云平台将他们的活动互相联通，教师可以利用测试等手段检测学生的自学活动，而同伴之间也可以相互监督学习活动。在异步空间，教师可以利用数据实时反馈对学生进行跟踪、指导、评价。而在同步空间，教师和学生处于同一个学习空间，实现了学与教的同步。在同步和异步空间中，教师需要转换角色，成为资源的挑选者、制作者、学习同伴和课程设计者，引导学生养成创新创造能力。

2.跨时空的学与教

为了更好地服务课堂教学，我们需要重构空间、情境与资源。移动云平台的诞生，促进了物理学习空间与云空间的深层次融合，给学生创造了一个更为真实的语言学习环境，可以促进语言学习行为的真实发生。

（1）任务驱动的异步空间学与教

在课前，师生所处的时空是不同的，同时还在不同的时间与地点完成不同任务。尽管如此师生完全可以通过移动设备的运用和彼此联系。作者利用任务驱动—导学案指导—资源导学—评价促学四个环节导学式来贯穿课前异步空间的学与教。

①以任务为驱动力

教师和学生就一个共同任务进行互动，通过多样化的学习资源，自主学习与彼此合作的方式进行知识体系的主动建构。认知—发现学习理论高度关注学习主动性的调动与发挥，利用主动发现的方式，促进认知结构的形成。采用任务驱动方法可以强化学习动机，让学生的学习主动性得到更大幅度的提高。

②导学案为指导

教师和学生所处空间不同，学生需要开展自主学习，不过这里所说的自学并不是完全放任学生不管，而是要给予针对性的指导和启发。所以在异步空间当中导学案可以发挥支架作用，在学生的自主学习与探究当中提供指导。智慧课堂当中的导学案必须要明确知、行、创相结合的学习目标，注重知识更新问题化、情感培育迁移化和能力发展过程化。导学案并不是罗列问题或者是知识点，而是要启迪学生思考。当然导学案也要具备梯度性，可以结合不同学生的实际需要，设置不同难度的知识点、能力点，力求让每个不同层次的学生都学有所获。在英语课程当中，尤其是要考量学生在听说读写等方面存在的个体差别，可结合经验值数据做好内容的设定。

③资源导学

移动互联把课程与企业联系起来，这无疑是产教融合的绝佳体现。教师可以把行业产业当中的最新项目内容融入课堂，也可以收集最新教学资源，充分发挥多样化资源的导学作用，让学生在课前学习当中就能够充分感知知识。

④评价促教

单一化的资源提供方式并不能够展现出学生的学习成果，更不能跟踪他们的进度与成效，所以在学习结束之后的问题答疑是非常必要和重要的。这样的过程可以更好地构建知识点与技能点，促进知识内化吸收，当然教师也可以随时追踪学生的学习情况，适时调整教学方案，做好资源供给的调整。

（2）探究体验的同步空间学与教

混合式教学强调线上线下资源、教师与学生、企业与学校间的混合。课前四环节导学式前置了知识点与技能点，教师在移动云平台的支持之下，获得导学反馈信息，深入把握学生学习需求，并归纳他们的疑难困惑。在课堂教学中应该鼓励学生开展探究性学习，以便在体验性学习当中进行知识内化。

①BYOD（Bring Your Own Device，携带自己的设备）教学策略贯穿课堂

建构主义理论观点是学习环境的构建需要考虑情境、协作、会话和意义四个要素。其中，情境是意义构建的基础，而协作和会话则是具体实现意义建构的过程。然而，在传统课堂中，教师往往主导着物理空间，有些教师甚至认为学生上交手机是提升教学质量的方法，因此着力建设无手机课堂。但是这种做法是否真的能够取得理想效果呢？我们的教学对象是"90后"甚至"00后"，移动设备已经成为他们生活和学习的必需品。在课堂中，我们应该采用BYOD教学策略，让学生自带设备参与学习活动。这样，在师生同步的空间中，教师可以成为学生的指导者，引导他们在自己的设备上进行学习活动。这种方式不仅能够满足学生的学习需求，还能够提高他们的参与度和积极性。因此，在构建学习环境时，我们应该充分考虑学生的实际情况和需求，采用适合他们的教学策略，让他们在自己熟悉的环境中进行学习，从而更好地实现知识的建构和意义的转化。

②教学资源的个性化推荐

学生的学习过程是一个不断上升的螺旋式过程，从知识获取到知识转化再到知识创造与利用。为了更好地指导学生的学习过程，可以利用自带设备平台进行个性化指导，实现对学生课堂资源的个性化推荐。同时，教师可以借助移动平台

的原始数据，通过对学生掌握学习内容的程度、观看视频的时长以及问题讨论的深度等方面进行分析，从而对学生进行个性化的指导，并进一步推荐适合其学习需求的资源。这种方法不仅可以提高学生的学习效率和成绩，还可以帮助教师更好地了解每个学生的学习情况和需求，从而更好地开展教学工作。

③合作学习共同体的构建

合作学习共同体的成员主要包括师生与企业业师（业师是指教过自己的老师），把完成某个课堂任务作为目标，在推动学生彼此合作交流以及相互分享的进程中顺利完成知识的理解、运用、剖析与创造。首先，教师需要对小组进行组建，保证建组科学性。教师可以在组间同质、组内异质原则的指导之下分别给每个成员同等的展示机会，打造良性的竞争氛围。其次，教师要恰当运用BYOD策略打造教学情境，具体可以采用小组合作——展示学习的过程，完成以教为中心的课堂到以学为中心课堂的转变。在教学过程中，教师需要对学生进行指导和监督，查看自带移动设备平台的数据，并深入学生团队中进行个性化指导。同时，教师要及时点拨学生的讨论，实时控制学生团队的整个学习过程，使教学过程可控、高效。如果学生遇到困难，他们可以互相讨论、咨询教师或使用自带设备扫描数字化交互教材的二维码，以促进个别问题的进一步学习和个性化资源的使用。这样，合作学习共同体可以为学生提供一个更加开放、自主和互动的学习环境，让他们在实践中不断探索、发现和创新。

④英语体验式的合作成果展示

英语学习的重点是对英语语言进行有效应用，因此在高职英语教学当中，应该为学生打造高度参与性的体验式课堂，保证各个团队成员的踊跃投入与积极参与，并给他们分配各种角色。以小组为单位进行学习成果展示，可以促进学习结果的优质呈现，也能够更好发挥小组合作学习的效能，学生可以在彼此启发与学习借鉴的过程中，迸发出新智慧与新灵感，达成共同创造的目标。

⑤合作评价的达成

在教学当中评价是非常关键的环节。评价活动的开展应该以整个团队作为评价对象，同时还要兼顾个体评价，把多种评价方式结合起来，即小组评价、组内成员互相评价、学生自我评价、教师多元化评价等。

（3）拓展式异步空间的学与教

除了在课堂教学中构建课堂空间以外，创造时空外的学习场地也是提升学生素质和能力的重要途径。教师可以利用移动云平台，采用任务驱动和团队协作的方式，将学校、学生和企业联系起来，共同打造产教融合的互动空间。学生可以将自己的拓展性作品上传到这个空间，在线进行同学、教师和企业的互评，最终得到指导并修正作品，形成能够指导实际企业项目的成果。

移动互联云平台的出现，使不同的物理学习空间能够紧密结合。无论是师生异步空间还是同步空间，都能够成为一个完整的教学过程。在这个平台的支持下，教师可以在不同的时空中创造真实的英语学习情境，并根据平台数据来判断学生的学习态度和特征，为每个学生提供个性化的推荐资源和点对点问题答疑服务。同时，平台还能够协助教师记录学生的学习轨迹，及时给予指导和评价。在移动互联云平台的支持下，教学环境、教学资源、教学策略、教学内容和教学评价等方面都得到了重构。这些方面在不同的时空中都是必不可少的。移动互联云平台还能够实现教师与学生、学生与资源、学生与企业、企业与资源之间的多方互动。在高职智慧课堂中，平台能够将企业资源和业师引入课堂，为培养新时代下的创新型技术技能人才提供了有效的课堂保障。移动互联云平台打破了时空和空间的限制，让教学变得更加灵活和自由。

第三节　高职英语混合式教学的发展阶段

在高职英语混合式教学的发展阶段，出现了基于慕课模式的混合式高职英语教学、基于云班课移动平台的高职英语混合式课堂教学、基于课堂生态视角的高职英语混合式课堂教学，下面我们对这三种模式展开论述：

一、基于慕课模式的高职英语混合式教学改革研究

建构主义学习理论倡导以学生的需求和期望为导向，鼓励他们积极地探究、挖掘和构建自己的知识体系，从而获得更深刻的认知。传统的3P英语教学模式以教为中心，知识单向传递，因此在很大程度上直接忽视了学生主动学习的重要

性；3P 英语教学形式局限于课堂教学，在固定的时间和地点组织班级教学势必会影响教学目标的有效达成。基于新兴的 MOOC 环境，通过线上提前传递 MOOC 视频，线下面授发挥传统教学优势，帮助学生知识内化，搭建从线上到线下的混合式教学平台，以期提高高职英语学习者的学习效率，高效达成英语课程教学要求。

（一）慕课的概念界定

慕课（Massive Open Online courses,MOOC）是一种以分享思想和合作精神为基础的大型在线学习平台，旨在帮助个人和团队更好地传播知识，并通过互联网实现更广泛的学习。

1. 慕课（MOOC）的发展过程

自 2000 年起，美国慕课的发展取得了长足的进步，它将开放教育作为核心理念，推出了一系列的开放大学（Open University）、开放学习（Open Learn）、开放资源和软件（Open Source Software）、开放内容（Open Content），甚至是麻省理工学院的开放式课程网页（MIT Open Course Ware），这些都极大地促进了美国学生的学习体验。通过给予学生更多的学习机会，我们能够帮助他们在学习过程中获得更好的成长。2008 年，慕课凭借关联主义的理念，以其丰富的内容和快速的发展，迅速崛起；2012 年，斯坦福大学推出了一款全新的公开课程，这一举措激发了一场前所未有的学习狂潮。"三巨头"《Udacity》《edX》《Coursera》平台系统为全球学生提供了多门精彩的在线课程，这一重大突破标志着慕课的新纪元正式开启。MOOC 在中国的普及率正在不断提高，许多高校都在"三巨头"中提供课程。此外，越来越多的在线慕课平台，如超星和学堂在线，中国 MOOC 时代已经到来。

2. 慕课的特征

慕课是一种新型的在线教育模式，它以其独特的知识单元、丰富的媒体资源以及完善的学习行为管控而闻名。

通过碎片化学习，我们能够节省 10～20 分钟的时间，并且能够更加专注于目标，从而大大提升学习效果。通过主讲教师的精心制作，课程内容可以不断更新和优化，以满足学习者的需求，使其变得更加丰富、生动。通过碎片化学习，我们能够更加深入地了解当下的社会背景，并且能够有效提高我们对知识的理解。

在线课程的学习通常包括两个主要环节：挑选课程并开始学习。通过对课程的详细介绍、文字描述、学习评估、预期目标和课程小组的分析，学生可以更好地选择适合自己的课程，而不是仅仅依靠被动的学习方式。采用多种途径，如互动、考试、任务、阅读材料和在线交流，能够更深入地探究学生的学习行为管理能力。

（二）基于慕课的高职英语混合式教学模式

慕课的未来之路在于通过开发校内 SPOC（MOOCs+CIASSROOMs）、实施翻转课堂（Flipped Classroom or Inverted Classroom），构建一个融合线上和线下的混合式教育环境，以及实施多种形式的课程，来提升学生的能力，实现教与学的有机融合，课堂教学与实践的有机结合，实现真正的跨越式发展。采用多种方式来改善课堂效率，包括终结性评估、形成性评估、预测性评估等，并且在课堂上安排更多的时间，让学生更有自主选择的权利。混合式教学的核心在于通过互动式学习，让学生和教师的角色发生改变，从而实现教学目标。混合式教学的出现极大地改变了教学方式，它不仅要求教师提前播放课程视频，而且还需要学生自主学习，以便在线与教师保持良好的沟通，使学生可以及时掌握自身学习状态，从而更好地实现学习目标。通过面对面的教学方式，可以更好地激发学生的学习兴趣，帮助他们更好地理解知识。

二、基于云班课移动平台的高职英语混合式课堂教学

基于云班课移动平台的高职英语混合式课堂教学具有开放性和互动性的特点，具体应用过程中需要从课前准备、课堂教学和课后总结复习三个阶段采取相应措施。调查表明，该模式在高职英语教学中获得了较高满意度，有利于激发学生学习兴趣，培养学生团队合作精神，提高学习成绩。为改进教学中的不足，进一步提高学生满意度，课前有必要根据学生需求推介学习资料并加强监督，灵活设计形式多样的课堂活动，增进与学生交流并改进考核评价方式。

（一）基于云班课移动平台的课堂教学概述

云班课移动平台的出现是由于互联网和智能手机的普及，这些技术的发展促进了它的发展。这个课程不仅提供丰富的学习资源，还能满足学生的个性化需求，让他们能够在任何时间和地点轻松学习高职英语知识。随着时间的推移，人们对它的应用日益关注。

通过智能手机的支持，建立一个实时反馈的教学交互平台，可以促进师生之间的交流与互动，及时解答学生在学习过程中遇到的问题，有效地帮助他们在课前准备、课堂上学习和课后复习。老师们可以使用这个平台来向学生提供各种有用的信息，包括课程内容、图片、视频和音频，帮助他们更好地掌握所需的知识。通过强调自主学习，加强课前准备，确保学生能够有效地完成学习任务，并且能够及时反馈学习情况，从而更好地指导学习。通过多种形式的互动、探究、讨论、投票、问卷调查等，可以帮助学生更好地掌握课程知识，同时也能激发他们的兴趣，从而使他们对课堂的学习变得更有效率。

（二）基于云班课移动平台的高职英语混合式课堂教学过程

1.课前准备阶段

任课老师会根据每一节课的教学目标和要求，并考虑到学生的兴趣爱好和个人需求，精心挑选并整理出有用的教学材料，最终上传到云班课的移动平台。学习材料包含多种形式，如文字、图像、音频、视频和流程图。通过智能手机，学生可以自由地学习，不受时空限制。他们可以进行课前预习，并完成课前测试。在学习过程中，每个人都应该记下自己的疑惑，并向老师提出来，以便更好地参与课堂讨论。

2.课堂教学策略

云班课的移动平台可以大大提高课堂考勤的效率，操作方便快捷。老师通过软件创建签到指令，并设定好时间。学生只需在规定的时间内按照指令进行签到，就能轻松完成签到。"摇一摇"功能为"中奖"的学生提供一份完整的预习报告，帮助他们更好地掌握课堂内容，并且更加清晰地理解预习过程中的疑难问题。此外，还可以根据学生的表现，给予定制化的评价，从而更好地判断学生的自主学习效果。在教学中，我们采用多种形式，如项目化教学和小组合作学习，为学生提供抢答题目，并为每个小组分配学习任务。通过"举手"平台的功能，我们可以根据提出的问题，组织学生进行有效的交流和讨论，从而有效地完成学习任务。

3.课后总结复习

为了帮助学生更好地理解重要的概念，老师们使用云班课的"头脑风暴"工具，向他们发出提问，同时在答疑区里给出回复，以此来评估他们的学习成绩。如果发现他们还有没有完全理解的概念，老师们也会给出更多的指导和帮助。云班课的移动平台将为学生们提供更多的任务，他们必须按时完成，然后将所得的结果汇总，以便于进行有效的评估和反思。

（三）基于云班课移动平台的高职英语混合式课堂教学改进建议

1.课前根据学生需求推介学习资料并加强监督

通过访谈，发现学生在课前学习时会有所不同。为了更好地帮助学生学习，建议在课前使用云班课移动平台，并与学生保持密切沟通，以便更好地了解他们的学习需求。这样就能更好地满足学生的个性化需求，并为他们提供更有针对性的学习资料。通过任课教师的精心组织和精准提炼，可以为学生提供针对性的学习资料，以满足他们课前自主学习的需求，并且激励学生利用云班课移动平台进行自主学习。老师应该鼓励学生在上课前进行独立思考，并在课堂上及时向老师提出问题，同时进行必要的实践性测验。为了确保学生能够在课前自主学习并对教学内容有所了解，需要建立良好的基础，以便他们能够更好地融入高职英语课堂教学活动。

2.灵活设计形式多样的课堂活动

云班课的移动平台被广泛使用来帮助学生提高英语水平，其中包括单词、听力以及口语App。通过深入理解，能够更好地记住单词，并且可以加强听力练习，并辅助进行口语训练。通过这种方式，学生可以更好地自主学习，增加词汇量，提升听力水平和口语表达能力。然而，由于部分学生对云班课移动平台缺乏深入了解，他们的参与积极性不够高。通过积极参与课堂活动帮助学生更好地理解英语文化背景，并了解他们的个性特点。为了提升学习效果，将定制专属于学生的课堂活动，并且不断改进教育平台，以满足他们的需求。

3. 增进与学生交流并改进考核评价方式

经过与学生的全面沟通，能够更加清晰地认识到云班课移动平台的优势，从而提升其使用效率，提高学生的满足感，并且唤醒他们的学习热情。因此，作为一名老师，应该更多地与学生进行互动，了解他们的学习情况，并根据他们的特点，提供适合他们的学习资源。为了帮助那些沉默寡言、害羞的学生，老师应该耐心地引导他们，减轻他们的心理压力，激发他们利用云班课移动平台的学习热情。通过认真组织训练，让学生更好地融入课堂教学，努力解决他们遇到的问题，以便取得更好的效果。重视对学生学习过程的监督，改进考核评估方法，并确保记录的信息客观、公平、详尽。为了让学生取得更好的学习成绩，应当仔细观察他们在课前的自主学习、课堂上的发言表现、小组任务的完成情况、团队协作的能力以及创新思维的培养。通过对学生平时成绩的客观公正评估，可以更好地规范和引导高职英语课堂教学，提高云班课移动平台的使用效果，提升学生的满意度，促进高职英语课堂教学质量的提升。

通过使用云班课的混合式课堂教学方法，能够更好地帮助学生完成课前的学习任务，并让他们成为课堂活动的主导者。通过这种方法，学生们可以更加轻松地参与到小组活动中，进行有益的讨论，激发他们的学习热情，培养他们的团队合作精神，从而提升他们的学习成果。作为任课教师，应该认真对待这种教学方法的应用。在课前准备好相关的学习资料，优化教学过程，安排有趣的课堂活动，并及时解答学生的疑惑，从而提升高职英语课堂的教学质量。

三、基于课堂生态视角的高职英语混合式教学

在"互联网+"的社会背景下，信息化技术为商务英语教学提供了新的理念、新的平台和新的方式。在信息化时代的大环境下，教育者与学生应如何应对这些变化，教学方式应该如何改革，是当今教育界关注的重点问题。在英语的课堂生态系统中，每一个个体都应该参与其中，这样本生态系统才能正常进行循环活动。混合式教学模式为此生态系统的平衡作出很大的贡献，打破了传统的学习方式，既调动了学生自主学习的积极性，又调动了生态系统里的每一个成分。

（一）高职生态课堂的特点

在高职课堂教育中，生态学的理念被广泛应用，强调师生之间的互动与合作，以及可持续发展的重要性。这种新型的教学方式不仅能够扩大传统课堂教学的范围，而且还能够让学生在更多的时间和空间里获得更多的知识。高职生态课堂具有以下独特的特点：

1. 整体相关性

在生态学的观点下，可以将课堂比喻为一个复杂的生物系统，其中的每一个元素都是相互联系的。在这个系统中，教师和学生都扮演着重要的角色，而其他因素，如教材、课件、教学工具、教室布局、课堂氛围等，也都至关重要。不论是主体之间的关系，还是主体与其他外部因素之间的联系，都存在着复杂而密切的相互影响。改变教室的氛围可以提高学生的学习兴趣，并帮助老师更好地授课。老师的讲解方式、内容深度以及个人特色和魅力都会对学生的听课体验产生重要影响；学生的学习表现、课堂参与度和积极性都会对教师产生重要影响，从而促进教师更加投入地进行授课。

2. 协调共存性

在这个生态课堂中，老师与学生之间存在着一种互惠互利的关系。一方的存在必须建立在另一方的存在基础之上，这是一个不可或缺的原则；变化的一方可能会对另一方造成直接或间接的影响。在生态课堂中，师生之间建立了一种互惠互利的关系。课堂并非仅由老师独自演出，学生也可以参与其中，成为一个互相促进的平等的舞台。作为一名老师，其职责是帮助学生更好地理解和运用课程内容，并培养他们的独立思考能力。提高学习成绩需要老师的帮助、激励和指导。通过双向的沟通与合作，我们可以激发彼此的灵感，并将其融入课堂的生态环境之中，从而实现和谐共存的境界。

3. 开放性

在这个生态课堂中，应该保持开放和包容的态度。生态课堂以其开放的特点著称，它把学习环境看作一个复杂的微型生态系统，不同的环境之间存在着密切的联系和交互作用。在生态课堂中，学习者接受来自外界的信息，并通过筛选和处理，将其中的有益因素转化为可以促进个人发展的力量，从而实现自我的蜕变和演变。因此，只有当生态系统保持开放性，才能确保生物能够在不同的环境中自由迁徙，并且能够适应各种不同的生态系统。

（二）混合式教学模式，以 MOOC、SPOC 为例

混合式教学是一种新型的教学方式，它将传统的教学方法与现代的网络教学相结合，旨在激发学生的学习兴趣，培养他们的创新能力和独立思考能力；教师应该在课堂上扮演指导、激励和监督的角色。

MOOC（Massive Open Online Course）是一种革命性的在线学习模式，它可以让人们通过虚拟的环境和实际的活动，获得更多的知识和技能，大大提升了教育的质量和效率；采取多种方法，包括结合内在因素、外在因素，如教学资源、学习环境和情绪，来提升学生的学业表现。在 MOOC 课程中，学生可能会对学习产生兴趣，但由于缺乏教师的指导和监督，他们可能会感到厌倦和无聊，导致学习效果不理想。

SPOC（Small Private Online Course）是一种基于个人学习需求的学习模式，由加州大学伯克利分校的阿曼多·福克斯博士提出并进行了深入的探索。通过 SPOC 混合式教学模式，我们能够将 MOOC 学习和 SPOC 教学紧密结合，使学习过程变得更加高效，并且促进了教学和学习的互动。

（三）基于 SPOC 的高职英语混合式教学模式的构建

高职英语的人才培养目标是，既掌握商务专业知识，又具有良好的英语交流能力的全面型人才。传统的面授课程，不能充分发挥学生自主学习的积极性，制约了教学的有效性，学生的学习过程往往停留在浅层次学习层面。

1. 上传 SPOC 平台的教学资源

与传统的课前准备不同，教师们必须花费更多的时间来制定并开发有效的教学资源，这将增加他们的工作量。这些资料可能包括视频、音频和文本等，还可能提供实际的练习任务和考核评估。采用先进的教学方法，如使用高质量的教材，能够提高学生的学习热情。为了使学习更有趣、高效，建议使用各种媒体工具，如视频、word 文档、PPT、音频或网站链接，来帮助学生获取所需的信息。教师也可以自己制作微课、FLASH、PHOTOSKY 等课件导入知识点,并同时设置相关的游戏及测验来检查学生的自主学习效果。

2. 学生课前在线自主学习

学生收到老师的指令后,学生们可以利用网络资源,自主探索和学习某一章节的知识点。教师可以利用在线答疑、师生讨论和资源分享等功能,为学生提供更多的互动机会,从而提升学习效果。

3. 线下课堂教师授课

学生经过自主学习后,老师可以根据他们观看视频的时间、完成作业的数量等因素,对他们的学习进行全方位的监督,从而更好地辅助他们进行线上学习。采用实地考察与网络交流的方式,我们能够共同推动彼此的发展。在线的自主学习方式中,学生很容易感到孤立无援;而在面对面的教室中,这种方式更能展示商务英语的跨文化交流。

在面对面的教学方式下,人们发现这种方式无法取代。通过使用英语和商业知识,可以更好地理解并应用它们,这样就能更实际地学习,提高人们的商业技巧,并为商业交流提供更多的支持。老师通常负责提供指导和帮助,学生才是课堂的主体,他们积极参与各项任务,完成英语知识体系的构建。

4. 学生"线上线下私人订制"学习模式

本阶段,将努力提升学生的自主学习能力,以达到"私人订制"的学习效果。通过自主学习和老师的精心指导,学生已经掌握了课本上的重点知识,但要将其应用于实际,仍然需要付出更大的努力。经过系统的数据分析,精心制定出针对性的学习任务,加深学生的理解,并有效地提升其掌握的能力。为了提高学习效率,教师应该在课外进行补充学习,如通过举行英语演讲、参加知识竞赛、进行角色扮演、撰写报告并展示他们的学习成果。

(四)完善多元化的学习效果评价

多元化的评价内容是提高学生学习效率的重要途径。传统的评价方式通常依赖于期末考试,但这种方式很难及时反馈学生的学习情况。通过形成性评价与终结性评价的结合,多元化教学评价可以更加全面、客观地反映出评价者的个性、能力、态度以及对课堂的贡献，从而更好地促进课堂的有效性与深入性。

在 SPOC 的混合式教学中，采用了多种评估方式。通过对学生的在线学习时长、进度以及测试结果的分析，提出了一系列有效的方法。SPOC 平台具备多种先进的功能，包括二维码签到、随机分组、讨论发帖和投票等，它们不仅可以为混合式教学提供强大的技术支撑，还能够极大地提高外语教学的质量和效果。通过对学生的线下课堂学习表现进行综合考量，可以从以下几个方面来衡量：学生是否认真聆听、完成笔记、积极发言、主动参与老师安排的各项活动。

在线下课堂中，师生互动学习的表现可以通过学生积极参与课堂活动、主动学习来体现，并且能够为班级学习作出积极的贡献。

通过 SPOC 在线学习，学习者可以获得更多的知识，并且可以根据自身的兴趣和需求，主动参与到学习中来，从而更好地实现学习目标。除此之外，学生还可以发表自己的看法，积极参与课堂活动。

评估小组表现的标准包括：每个小组是否能够按照课堂计划完成所有任务，并且能够进行有效的沟通和合作。

学生们可以使用各种方式来完成作业，包括文字、图像和视频；评估标准应当包括表达流利、观点明确、思路清晰。

采用定量评估的方法，可以更加准确地衡量学生的学习表现，其中涵盖了多种形式，如分阶段测试、知识问答、实践活动、考试分数和商务英语技能比赛。在线学习是一种重要的评估方式，它旨在检验学生的学习能力和习惯，评估标准包括学习时间、效率、完成任务的反馈情况，以及学校的考勤制度和课堂表现。

建立一个完善的教学生态系统是一项漫长而复杂的任务，它不仅需要一线教师持续的努力，还需要学生勇于探索，培养自主学习的能力，同时，教育行政部门也应该积极协调各种教学资源。

第四章 核心素养视域下高职英语混合式教学的挑战与创新

本章为核心素养视域下高职英语混合式教学的挑战与创新，依次介绍了混合式教学给高职英语学科带来的变化、高职英语混合式教学模式面临的挑战、核心素养视域下高职英语混合式教学的创新三个方面的内容。

第一节 混合式教学给高职英语学科带来的变化

在高职英语教学体系中，教师、学生、评价都是十分重要的组成要素。专家和学者们对英语教学体系的研究过程中都免不了对这三种要素展开分析。在新时代发展背景下，基于在线课程平台的高职英语混合式教学模式的应用自然也需要对教师、学生、评价这三种要素进行研究。为此，本章就对此展开分析。

一、高职英语混合式教学中的教师角色变化

随着教学的不断革新，英语教师的角色也发生了改变，从主演型角色变为导演型角色，在教学中扮演着参与者、帮助者等角色。进一步而言，高职英语混合式教学中的教师需要充当以下几种重要角色：

（一）引导者

在英语教学中，教师扮演着引导者的角色。教师要根据学生的具体情况制定具有可行性的学习方案，指出学生学习的方向；在具体的教学过程中，教师要引导学生向预期的学习目标努力，即给予学生各方面的引导，使学生受到启发，并主动接近教学目标，从而逐步完成教学任务。具体来讲，教师的引导行为包含以下几个方面：

第一，根据学生的总体水平，选择适合的学习材料和学习策略，制定出学生的学习目标。

第二，充分了解并参考学生的个体差异、具体个性特点和接受能力，与之探讨他们应该能够达到的最佳学习效果，帮助他们制定针对自身的切实可行的学习方案。

第三，通过指导学生合理安排学习时间，并利用图书馆、互联网和课堂资源与他人进行有效沟通，可以提高学习效率。

第四，仔细观察并发现学生学习中存在的问题和困难，给予学生及时的支持和指导，并对学生在课堂内外的具体表现给出中肯的建议和评价。

第五，通过积极的教育方式，培养学生的良好学习习惯，提升他们的语言表达能力和交流技巧，并为他们制订长期和短期的学习计划。

第六，鼓励学生通过各种方式来参加课堂活动，以唤醒他们对学习的热情。

可以看出，教师作为引导者的主要目的在于引导和组织有意义的教学活动，监控学生的整个学习进程，并根据学生的学习反馈调整教学方法，引导学生寻找解决问题的途径，进而培养学生自主学习的意识和能力。

（二）参与者

随着英语教学的改革与发展，现在的英语教师已经由单一的知识传授者变为了学生学习的参与者。教师与学生共同建构了这一教学体系，二者处于平等的地位，应该平等地参与教学。教师应成为与学生共同构建学习体系的参与者，与学生一起探求知识，当自己出现错误和过失时，要勇于承认。教师应组织平等、民主的教学氛围，与学生一起积极参与各种教学活动，同时不能占据学生的主角位置，应成为学生的观察者、倾听者和交流者。

当教师参与学生的活动时，就与学生成了合作的关系，也扮演起了合作者的角色。在合作的过程中，学生如若能感觉到教师不再是教学权威的角色，而是学生中的一员，学生的紧张情绪就会消除，学习的积极性就会不断提高。对此，教师在参与课堂活动时，应抓住所有机会为学生创造轻松的语言实践活动，并积极参与其中，同时教师要注意在参与过程中对学生起到一种示范作用。在语言活动中，学生在运用语言时会不自觉地以教师作为榜样，在教师的引导下，学生的语言运用能力会逐步得到提高。

（三）协调者

在英语教学中，教师要作为一名协调者来协调在语言学习过程中出现的人际关系和社会关系，弱化学生与学生之间、学生与学习之间的矛盾，营造一个积极、和谐的课堂气氛，从而促进学生的学习。具体而言，教师应做到以下几点：

第一，在教学过程中，教师常应组织不同形式的交流与互动活动，让学生参与其中。有交际互动，就会有不同的意见乃至矛盾的出现，此时教师要公正地判断各方意见，给予合理有效的评价，以一种平等、亲切的方式正确对待学生与学生之间的摩擦，进而解决问题，实现教学目的。

第二，在课堂互动过程中，教师要不断鼓励学生，减少学生在互动交流中出现的消极和焦虑情绪，让学生在良好的氛围中轻松地学习知识。

第三，教师作为协调者，在某种程度上也是为学生提供解决问题和达到某种教学目标或目的的"工具"。当学生分组讨论时，教师要仔细观察学生的讨论情况，并在学生遇到问题时给予必要的帮助，减少学生的挫败感。当学生遇到单词学习、听力理解等方面的困难时，教师要给予学生关于学习技巧等方面的指导与协调，在有限的课堂实践内协调好知识传授与学习策略传授，引导学生摸索和总结出适合自己的学习策略和技巧。

（四）研究者

英语教师除了担任语言教学任务外，还承担着研究者的任务。他们在掌握语言教学理论与性质规律的基础上，逐渐构建自己的教学理念，并运用这一理念去指导实践活动，达到良好的教学效果。因此，英语教师在英语语言教学实践中，必须进行英语语言教学的理论研究，将教学研究与课堂教学实践相结合，从而实现理论到实践的转变，再到理论的升华。

二、高职英语混合式教学中的学生地位变化

（一）学生的主体性

学生的主体性是指在英语教学活动中，所有的教学设计和教学行为都是围绕着学生进行的，学生处于英语教学的核心位置。学生在教学活动中的主体性与其主观能动性有着密切的关系，人的主体性是其个性发展的核心。一般而言，主体性越明显，学生对自己是为什么而学习的理解程度就越深，这对于其更好地知道该如何去做，如何做得更好是有积极意义的。

1. 学生在英语教学中的地位

（1）学生是英语学习的主体

在英语教学过程中，教师和学生都是参与者，两者都是重要的主体，但是两者所处的环境是不同的。教师是英语教学中起主导作用的主体，其主要职责在于"教"，而学生则主要是为了"学"。因此，在英语学习中，学生是"学"的主体。

（2）学生是英语教师的合作者

在英语教学中，教师和学生是直接参与的两个主体，同时，英语教学中有些项目动作是需要英语教师和学生共同来完成的。因此，只靠教师的教是无法达到教学目的的，只有教师和学生通力合作，才能使教学活动顺利进行并保证教学效果。

（3）学生是英语文化的继承者和创造者

学生在英语学习过程中的一个重要学习任务就是不断汲取与英语的相关知识，如英语文化知识，这样才能对英语的理解和感悟不断更新、升华，形成创新性的英语文化观念。与此同时，学生在英语文化方面也要具有一定的创造力，通过不断地创造，来使所学的英语文化得到更好的传承和发展。

2. 学生主体性在英语教学中的体现

学生在英语教学中的主体地位是毋庸置疑的，苏霍姆林斯基"让每个学生都抬起头来走路"的教育信条，就将学生的主体性地位充分体现了出来。一般而言，英语教学活动中学生的主体性可以从以下几个方面得以体现：

（1）对教育影响的选择性

教师的教育影响并不能让学生全盘接受，只有那些与学生自身的特点和需求

相符的教育影响，才能为学生所接受。学生有根据主体意识积极地或消极地进行选择的权利。

（2）学习的独立性

学生本身具有个体化特征，这就决定了其在学习起点、学习的目标与追求、制约学习的个性心理特征等方面也有所差别。因此，就要求英语教学中教师应遵循因材施教原则。

（3）学习的主动性

学生的学习积极性和主动性是他们成为学习主人的关键，因此，英语教师应该努力培养学生的自主学习能力，让他们能够自己探索并实现自己的目标。

（4）学习的创造性

学生在英语教学任务的方式、方法、思路以及对问题的认识等方面的完成与实现，与教师所教的内容或方法并不是存在着完全关系的，其中，也能将学生的一些创新性和创造性体现出来。因此，英语教师要在认同这种创造性的同时进一步给予学生鼓励。

3. 学生主体性发挥需要具备的条件

学生在英语教学中的主体性地位的重要性已经显而易见，那么要实现这种作用，需要具备的条件有哪些呢？

（1）教师的教授目标与学生的学习目标相协调

在英语课堂上，老师应该清楚地讲述"为什么教英语"的内容，并且了解当前社会对英语教育的需求和期望。通过这些努力，学生们可以提高自己的阅读、写作和思考能力。但是，这只是一个起点，我们需要通过改变课堂氛围来帮助学生更好地理解、掌握并运用所学的知识。

（2）教师和学生共同拥有英语教材

这主要是指英语教师在明确了教学内容和教学的方法、手段的同时，要让学生明白其所要学习的内容和方法。为了让学生们更好地理解课程的文化背景、技术特征，并更加清楚地掌握课程目标、科学方法、关键点、挑战性，以及课程如何帮助他们更好地实现个人成长。

（3）教学情境应该自由民主

良好的教学情境对于英语教学的开展是有帮助的。为了鼓励学生勇于冒险，我们需要在课堂上营造一个有趣的氛围，让他们敢于思考、敢于提出新的问题。通过充分尊重学生的个性、了解他们的学习背景，并且宽容地接纳他们的不足，我们才能真正实现民主教育。

（4）教师对学生的学习方法要足够重视

要充分发挥学生主体性，就必须让学生在"学习方法"上具有自主性和主动性。当前，英语教师的一个重要任务就是积极转变学生的学习方式，以多样化的学习方式逐渐取代主动的、被动的学习方式。与此同时，英语教学中的"自主性学习"和"探究性学习"也要进一步加强。

（二）高职英语混合式教学中学生的角色

在高职英语混合式教学中，应该以教师与学生共同构成课堂平衡，强调二者之间的合作与互动，从而使这一系统稳定持续发展。具体来说，学生主要有以下几个角色：

1. 课堂系统的主体者

课堂系统的构建是彼此相互促进、相互依存的结果。学校里面的课堂系统一方面是要实现学生能力与知识的发展，促进学生在学校这一环境中能够自由、全面、健康地发展；另一方面是要实现教师的专业化发展。当然，促进学生的发展是主要方面。因此，在混合式教学中，应该将学生视作课堂系统的主体，以学生的可持续发展为中心，通过促进学生的健康成长来实现整个课堂系统的和谐发展。

2. 自我学习的开拓者

当前，教师占据主导地位、学生占据主体地位已经被大多数人认可。教师从成人的立场出发，通过较为成熟的世界观与人生观，对每一位学生的行为加以关注与了解，分析他们的具体需求。但是，对学生而言，没有人比自己更了解自己，因此学生需要不断挖掘自身的需要，明确自己的发展方向。在高职英语混合式教学过程中，学生应该成为自己学习的开拓者，选择自己的学习方向与目标，然后有规律、有计划地开展自己的学习，这样才能更好地掌握知识。

三、高职英语混合式教学的评价设计变化

教学评价是教学目标得以实施的保障，评价内容、评价方式都会对教与学产生直接的影响。教学评价是英语教学的一项重要组成部分，其有助于提升教师的教学能力与学生学习的主动性。那到底什么是教学评价？下面对其进行简述：

（一）评价、评估与测试

很多人一提到评价，就将其与评估、测试等同起来，其实三者有着一定的区别与联系。简单来说，测试为评估与评价提供依据，评估为评价提供数据，评价是对教与学效果的整体评估。三者既有着紧密的联系，又有着明显的区别。就关系层面来说，三者体现了一种包含与层级的关系。测试充当其他两者的支撑信息。在包含与层级关系的同时，三者又存在明显的区别，具体表现为如下三个层面：

1. 目的层面

三者的目标不同。就某一程度来说，测试主要是为了满足家长和学校的需要，因为他们需要知道自己的孩子或学生的情况，与其他学校是否存在差距。评估主要是为了教师、学生提供依据，如学习效果、学习中遇到的问题等，既有助于教师提高教学的质量，又有助于学生提高自身的学习效率。评价有助于行政部门制定政策，对教学进行合理配置。可见，三者的作用不同，导致开展的范围与采用的方式也有明显的不同。

2. 数据信息层面

测试所收集的数据一般是学生的试卷信息，反映的也是学生的语言水平。从学生的语言运用能力来说，有些部分是无法用测试来评判的。评估可以划分为终结性评估与形成性评估两大类，前者依据的是测试，后者依据的是教与学的过程，注重学生对任务的完成、概念的理解等层面。当然，其依据更多的是定性分析，而不是定量分析。评价所依据的信息多为问卷、访谈、测试、教师评估等，是定量分析与定性分析的结合，是一种综合性评估。

3. 展示方式层面

测试的展示方式往往是考试，最终结果也通过分数排序来展现。相比之下，评估与评价往往是以鉴定描述或等级划分的方式展现出来。

（二）高职英语混合式教学的评价设计

在线课程平台的混合式教学模式的教学评价比传统的课堂模式更加复杂，它不仅要求评价者具备更高的专业知识和技能，而且还要求评价者具有更多的实践经验和创新思维，以及更多的实践能力，这些都是混合式教学模式的独特之处。评价在线课程平台的方式更多地基于课程建设的质量，重点关注课程的制作、运行效果和技术支持等方面。

对于课程的评估，可以从两个方面来考量：一是对其授课过程的考核，二是对其授课效果的考核。评估课程教学的重点是确保它遵循教学大纲、教学进度表和教案的规范，并确保课前、课中和课后的活动都符合教育教学的原则。评估师生能力的发展情况。

1. 混合式教学模式评价的分类

在混合式教学模式中，评价应该由专家、学者、教师，以及学生共同完成。混合式教学模式的评价真正要实现定量评价和定性评价、形成性评价和总结性评价、对个人的评价和对小组的评价、自我评价和他人评价之间的良好结合。常见的教学评价有以下几种：

第一，诊断性评价，可以更好地了解学生的学习成果、技能水平和情绪变化，从而为课堂活动提供有效的参考。

第二，形成性评价，可以更有效地实现教学目标，从而提高教学效果。

第三，总结性评价，可以更好地理解学习的成果，并有针对性地改进和完善。

2. 支持混合式教学模式的评价活动

混合式教学模式的教学评价关注的是对学生学习情况的鉴定和调节。通过混合式教学模式的评价，教师能够了解学生真正的学习难点，从而以此指导课内教学活动的设计。混合式教学模式的评价也非常关注学生的学习过程，如学习安排、学生的问题选择、独立学习表现、小组学习表现、结果表达和成果展示等。混合式教学模式中常用的评价形式主要有以下几种：

（1）在线测试

在线测试主要是通过网络技术进行学习效果的检测。网络平台能自动收集学生的测试结果，并能自动完成测试批改和分析等工作。根据混合式教学模式的学习目标，可以采用的在线测试形式有低风险的自我评价、在线测验等。

低风险的自我评价主要用来帮助学生判断自身对自主学习内容的理解程度，是一种能快速反馈的评价方式。

在线测验以单项选择、多项选择和填空题为形式，主要考查学生对学习内容的识记和理解。

（2）课堂概念测试

课堂概念测试是一种简短、具有针对性的非正式学习评价方式，通常针对一个知识点设置1~5道多选题，学生通过举手、举指示牌或选择器回答问题。概念测试的主要目的在于获得学生对当前讲述知识点的理解程度，以便教师进行教学调整，这是一种低风险的评价方式。

（3）概念图评价

概念图是一种用节点代表概念，用连线表示概念间关系的图示法。它能反映出学生的思维与知识点之间的关系。例如，教师可以针对课外学习内容给出一份不完整的概念图，让学生填补空缺的概念及概念间的逻辑关系，以此了解学生对所学概念的理解程度，并适当地安排进一步的教学活动，加深学生对某些薄弱概念的理解。

（4）同伴评价

同伴评价是由合作学习的同伴对学习者作出评价。它有利于学习者更好地参与到小组学习活动中，能够培养学习者的合作精神。

第二节　高职英语混合式教学模式面临的挑战

信息技术打破了时空的界限，为学生创建了一个开放的学习环境，这就使传统的教学方式更为个别化、分散化、社会化，教学活动的范围与时间在不断扩展。但是，如何合理利用信息技术，是当前教师和学生都需要思考的问题，也是对他们的挑战。

一、学生对全面发展的要求复杂化

学生是教学的对象，教师的一切决策都要围绕学生开展，教师应充分考虑到学生群体和学生个体的身心特点与学习、发展的需要。教师应关心和尊重学生，为引导学生积极参与教学创设良好环境与情景。

教学活动中学生的主体性地位主要表现在以下几个方面：

（1）对教育对象的自主选择权

学生对教师教学的影响并非无条件地接受，他们要求教师的教学尽量适应学生的发展需求，学生有根据主体意识，积极地或消极地进行选择的权利。

（2）对教学内容的自主选择性

学生主动参与教学内容选择是当代教学思想所提倡的，学生选择教学内容是学生自主性中最活跃的因素。当然，必须强调的是，学生是在教学目标的框架内参与一部分教学内容选择，在课程专家根据社会和教育目标所做的初步筛选后进行。

（3）参与教学活动的积极性和主动性

学生学习活动的主动性、自觉性是学生作为学习主体性的本质体现，教师的教学活动要建立在学生对学习的自觉的、主动的、自我追求的基础上。学生在学习过程中能积极地参与教学活动，并能根据自己已有的知识经验、认知结构主动地认识、理解和吸收新知识。

教学过程中，教师必须重视学生的教学主体性的体现，围绕学生安排设计教学过程，同时应认识到教师的主导地位与学生的主体地位是两个并行不悖的关系。

教育信息化的全面实施需要学生具有良好的信息素养，敏锐的信息意识，较强的信息能力。学生信息能力的培养是教育信息化建设过程中的一项重要工作。

新时期，学生信息能力的培养应重点做好以下工作：

（1）营造信息环境，强化学生信息意识

以教育信息化为指导，要促进学生的信息能力（信息的搜集、分析、选择、利用、转化、交流、创新等能力）的不断提升，必须营造良好的信息环境，建设信息课程体系。

具体来说，可以将课外实践活动作为依托，通过这些活动搭建的平台，形成多样化的体验方式，充分发挥广播、网络等的作用，为学生营造良好的信息资源传播环境。

（2）加大能力类课程建设，完善课程体系

学校对于学生学习能力的提升是义不容辞的。因此，学校应该开设公共课程，提升学生的搜索能力与道德素养，借助技术，创新学校的选修课程，并实现教学资源的有效转化。

二、师生互动的有效性存在限制

（一）师生的"有限互动"

在高职英语混合式教学出现之前，教师与学生的交流与沟通的场所主要是教室、操场和学校活动中心。

在教室内上课过程中，教师与学生之间首先要完成本次课程的教学任务，然后才能进行课程外学习内容的交流，因此来讲，师生在学校各教学场所的交流是十分有限的，主要是教师在讲，学生在听，一节课下来，师生之间的交流与互动往往仅有几个点名提问，很少有师生探索、讨论互动。

（二）网络教学中学生的"线上沉默"

网络信息技术的发展和教学应用，为师生之间更加频繁地交流提供了技术支持，教师与学生可以通过 QQ、微信、校园网、教学 App 等实现随时随地的线上交流，但是，由于线上网络课程教学中，师生不是面对面的，学生在教学中对教学内容的投入状态、对教师的回应在很大程度上靠自觉，因此，教师很难像在真实课堂教学中那样监督学生，也不能给每一位学生形成一种紧张、专注、融洽的课堂环境氛围，因此，很多学生在线上课程的学习中都处于沉默、"潜水"状态。

网络课程教学中，学生的"线上沉默"有一部分原因是课堂时空环境和氛围造成的，此外，也与教学内容难易程度、教学内容呈现方式、教师的线上互动方式方法等有密切的关系。一般来说，学生的"线上沉默"主要有以下几种类型：

1. 压制性沉默

压制性沉默的产生与教师的"教学权威"有重要的关系。教师是教学活动的"主宰者",学生处于被动服从的状态,这种教学关系在很多学生的头脑中根深蒂固,难以改变。

2. 障碍性沉默

线上教学或内容难度大,或知识更新滞后,或操作技术复杂,超越了学生本身的生活经验、理解能力与操作范围,学生不知如何表达,也会产生教学中的沉默。

3. 忌惮性沉默

网络教学中,教师为了推广线上教育资源,制定了一些教学奖惩机制与措施,学生处于"被动"状态,由此教学过程中产生了与教师的教学预想相反的教学状态。学生的这种"线上沉默"是对教师所制定的教学机制与措施的抵触。

第三节 核心素养视域下高职英语混合式教学的创新

一、高职英语混合式教学创新的原则与框架

(一)创新原则

结合"为贯彻党的教育方针,落实立德树人的根本任务,为培养学生学习英语和应用英语的能力,为学生未来继续学习和终身发展奠定良好的英语基础"的课程总目标,高职英语混合式教学模式应当遵循以下基本原则:

1. 立德树人,育人为宗

2018年在全国教育大会上"育人之本,在于立德铸魂"受到了全国各地的广泛关注和认可。十九大报告指出,为了实现立德树人的根本目标,必须坚持以人民为中心的发展思想,加快实施素质教育,提高教育公正性,培养出拥有优秀道德修养、全面发展的未来领袖和接班人。

《课标》强调课程教育是培养人的重要手段,旨在让学生在学习英语的同时,

培养他们的国际视野、文化自信心，以及正确的价值观和世界观，并让他们拥有爱国主义精神和民族自豪感。实现社会主义核心价值观是我们追求的目标。在教学模式的设计上，应该将社会主义核心价值观纳入其中，并将其贯穿于整个课堂。我们的目标是通过知识、文化等方面的培养来培养人才，并通过语言来传递这些信息。

2. 核心素养，全人教育

以人为本的核心素养是"育人"教育的根本宗旨，是我们的信念。在高职院校，学生的核心素养不仅仅是职业技能的提升，而是要求他们在"德智体美劳"的基础上全面发展，以实现全面的教育目标。随着科技的进步，具备创新思维、学习能力、创造性、团队合作精神以及解决实际问题的技能已经成为当今社会最重要的职业素养。随着国家对高等教育的不断投入，核心素养已经成为高等教育发展的关键因素，而课程作为一种可以帮助学生提升核心素养的有效工具，不仅能够提供实用的知识，还能够提供全面的教学内容。

《课标》明确指出，高职英语学科的核心素养应以培养学生正确的价值观、良好品格和关键能力为目标，"职场涉外沟通""多元文化交流""语言思维提升""自主学习完善"则是实现这一目标的重要手段。采用混合式教学方式，学生可以在真实的国际职场环境中获得更多的知识，并且可以通过与不同文化的交流来培养自己的思维能力。通过这种方式，学生将能够获得广泛的、可持续的综合能力，为他们的未来发展奠定坚实的基础。

3. 职业特色，应用为本

《课标》提出，高职英语课程的教学内容分为两个部分：基础模块"结合职场情境，反映职场特色"，旨在培养学生的实际操作能力，而"职场文化和企业文化"则重点关注文化背景。"职业与个人""职业与社会""职业与环境""与学生未来工作和学习密切相关的语篇"是这门课程的核心内容，它们包含了许多经典的句子，可以帮助学生更好地理解日常生活和工作环境。在职场中，掌握英语的重要性在于它可以帮助他们理解和表达与之所从事的工作，并且更好地完成这些任务，具备在工作场所进行中英文翻译的能力。使用英语来表达富有创意的想法；使用英语进行日常沟通和交流是一项必不可少的技能；"课程内容与专业实践、职场需求对接""创设与行业企业相近的教学情境"是《课标》的重点，帮助学生在跨文化交流中更有效地应对挑战。因此，应该将实践性教学作为重要的语言教学内容和环节，以培养学生的英语应用能力。

4.尊重个体差异，促进全面发展

由于高等职业院校的学生的英语水平存在较大差距，导致他们的学习需求各不相同。在当今的教育环境下，我们必须认真思考如何更有效地指导学生，并在课堂上进行有效的导师辅导，以便更好地让学生理解重点和难点；在教学中，我们应该更加注重多样化、多层次、多个人的评估，并且要关注学生的学习态度、参与情况和成长情况，这样才能激发他们对英语课程的兴趣，并帮助他们实现全面的发展。

（二）构建框架

基于核心能力的混合式高职英语教学模式涵盖了六个主要部分。其一，根据人才培养的需求、专业的特点、学习者的背景以及未来的发展趋势，制定多样化的教育目标；其二，通过对不同的分类和层次的目标进行设计，可以创建出具有多种模式和融合媒介的课程；其三，通过利用慕课、超星、SPOC等多种教学资源，采取混合式教学模式，以提高学习效果；其四，通过将课堂教学与实际应用相结合，进行一种融合了理论与实践的混合型教育；其五，采用全面、综合、多方参与的增值评估模式；其六，通过QQ群和多种在线学习资源，打造出一个全面的"教、学、管"信息服务平台。

通过采用混合式教学模式，旨在培养具有良好道德品质和能力的人才，以满足"全人教育"的学业要求，并突出职业特质。通过分类分层的教学方式，充分利用了多种媒体资源，包括音频、视频、文档和图片。通过将线上线下教学融合在一起，以任务驱动和项目化教学为基础，将课前、课中和课后的教学设计结合起来，以培养学生的自主学习能力。通过课堂项目、社团活动、名师工作室、假期实习和企业实习等多种方式，实践教学鼓励和要求学生参与各种实践活动，以便将所学知识应用到实际中。在教学中，以培养专业技能和学术能力为基础，并通过多种不同的评估方法来衡量学生的表现。这些评估包括形成性、终结性、课堂学习、师生之间的互相评估、个人自我反馈、小组之间的相互评估以及其他各种主体的反馈。注重对学生的发展情况和收益的评估。通过各种教育、学习和管理平台，可以实现全面的促进学习、指导学习和评估学习，有效地发挥各种教学活动的人才培养作用。

二、核心素养视域下高职英语混合式教学模式的创新路径

教师应该努力推广混合式教学模式，帮助学生更好地理解语言，培养他们的语言技能。这种模式应该让学生有机会参与到语言学习的各个方面，并且可以通过项目式学习来培养他们的语言实践、学习、合作、分析和解决问题的能力。这将有助于学生更好地掌握语言，培养他们的语言学习能力。本文将深入探讨人才培养目标的核心问题。然后，进一步从线上、线下教学，课内课外协同育人等角度出发，探讨目前混合式教学模式的应用平台需求，以核心素养为出发点，构建高职英语混合式教学模式的评价体系。

（一）结合人才培养目标，实施分类分层教学模式

职业院校的建立和发展与当地的产业结构、经济增长的需求息息相关，这也反映了当地人才需求的特殊性。根据学校的人才培养总体目标和不同专业的特点，以及不同学生的能力水平，我们建议采用"因材施教""以人为本"的分级分类的教学方法，以满足核心素养的要求。

1. 专业群分类，英语水平分层

一些高职院校致力于不断提升教育水平，以满足当地经济发展的需求；重视优势专业，并着眼于培养高素质的工业互联网产业人才，致力于通过英语课程来培养拥有全球化思维和实战技巧的专业人才，以便为他们的未来发展打下良好的基础。为此，这些学校按照专业群开展分类教学，根据高考英语成绩和入学英语水平测试结果，将学生按照1∶3∶1的人数比例划分A、B、C三个层次，以便为不同的专业群提供有针对性的分层教学。

2. 教学内容分层，思政融入

在外语课程中，应该把立德树人的理念贯穿到每一个教学环节中，让学生在课堂上感受到良好的道德修养和社会责任感，努力让每一位老师都能够成为这一

目标的推动者和实现者。课程内容由基础模块和拓展模块两大模块组成。为了让学生的英语水平得到大幅度的提高，建议在课程中加入一些与实际工作相关的内容，这些内容可以体现个人与社会、环境与职业的关系，并且可以涵盖8个专题（人文底蕴、职业规划、职业精神、社会责任、科学技术、文化交流、生态环境、职场环境）、26个话题，以及若干个职业情境（如求职应聘、文件处理、活动策划、客户管理、反馈处理、产品说明、产品推介等）。这些内容可以帮助学生在求职、文件处理、活动策划、客户管理、反馈处理、产品说明和产品推介等方面有所收获。为了更好地提升学生的英语水平，教师团队精心挑选了一些具有较高质量、符合标准的语料库，并且按照不同的专业领域，提供了适当的多种模式的教材，包括自制的补充资料和云端课程。经过系统的研究和分析，将重点放在如何培养学生的人格特质、情操修养、品位和文化信念上。我们将运用有效的教学方法，以潜移默化的方式帮助学生实现这些目标。

3.培养目标分类，学业质量目标分层

《课标》旨在提升学生的英语水平，并将其作为核心素养的重要组成部分。不同的课程目标可以在语言、文化、职业技能和学习策略等方面进行划分，以便更好地满足不同需求。常信院的各个专业群都有自己独特的需求，这就导致了课程内容和目标的差异。根据《课标》中提出的学业水平分级目标，我们采取了分类分级教学，为每个专业提供了针对性较强的听说读写能力培养，以及针对性较强的学习策略指导。

（二）线上线下教学融合，资源循环

混合式教学已成为现代教育的一种重要方式，它能够帮助学生更好地理解和掌握知识，并且能够更好地激发他们的主观能动性。这种教学方式可以弥补传统教学模式的缺陷，为学习者提供更多的学习机会。如一些院校不仅在中国慕课平台上提供"大学英语Ⅰ"和"大学英语Ⅱ"两门优质课程，而且还在超星泛雅平台上提供多种SPOC课程，涵盖了各个学科，从而满足学生的学习需求。慕课平台的线上课程经历了四五轮的精心策划，校本SPOC课程也在不断改进，提供的教学内容更加丰富，目录更加清晰，分类更加详尽，可以有效地支持混合式教学，让学习者更加轻松、高效地学习。此外，FIF 智能教学平台和 i Write 写作平台也为混合式口语和写作教学提供了强大的支持，使学习者能够更好地掌握知识。

采取多种教学模式，包括在线学习、远程教育、FIF 教学等，通过在线学习、远程教育、远程教育三个阶段的融合，提升了教学质量和学习体验。为了更好地满足各个班级的学习需求，将提供丰富的资源和定制的任务，以便更有效地进行教学。在课堂上，老师会评估学生的学习进度，分析重点和难点，以便帮助他们更好地理解和掌握所学内容。课后，学生应该准备好各种各样的拓展性任务，以便能够更好地完成。通过使用线上教学平台，我们可以获得各种多样化的融合媒体素材和资源，包括视频、音频、微课、多种格式的文档等。此外，这个平台也为学生提供了一个创造性的工作环境，帮助他们完成各种创意作品。通过精心挑选的融合媒体素材，我们可以创建出具有代表性的课程内容，并通过编辑，将其转换成可供学习的示范，从而实现教育资源的有效利用和优化。

（三）课内课外协同育人

通过课堂和课外活动的结合，努力培养学生的全面发展。积极探索将显性的育人元素、文化、素养和价值观等潜在的育人要素融入课堂教学中，以及以教师的行为和言语来指导，以此来激发学生的价值追求、深入理解知识、增强能力、提高核心素质。通过企业实践，希望学生们能够全面掌握职业英语的知识和技巧，并在日常生活和工作环境中进行有效的交流。这样，他们就可以学会如何倾听、协调他人的意见，并培养出良好的同理心和同情心。期望他们能够坚持爱国、勤奋、诚实、友好的价值观，努力提升跨文化交流的技巧，培养独立思考的能力，并运用有效的语言学习策略，以提升自身的学习能力。通过参与课外活动，学生们可以将自己的成果上传到互联网平台，这样他们就能够更方便地进行学习和评估。采用多种方式，包括在线和离开校园的方式，让学习和实践相互促进，为师生创造一个优质的学习环境。

（四）以核心素养为指导，构建多元评价体系

英语学科核心素养与高职英语混合式教学中的实施与评价密不可分。核心素养是一个动态发展的概念，不能一概而论，需要用具体指标来衡量和测量。因此，要想真正实现核心素养落地，政府、社会和家长等多方需要共同参与到核心素养体系构建中来。贯彻核心素养，绝不仅是教育部门的责任，涉及教育的每一个环节。政府部门、教育专家要与学校、师生共同努力，才能更好地践行核心素养培养的理念，促进学生全面发展。

另外，各院校应制定基于英语核心素养的新评价标准，推动评价内容和方式的多样化。当建立一个以英语核心素养为基础的多样性评估体系时，必须始终将这一目标作为指导原则，并且全面提升我们的语言能力、学习能力、思维素质和文化意识。应该同时兼顾知识与文化教育，以便培养出具有全面发展潜力的优秀人才。

第五章　核心素养视域下高职英语混合式教学的实践优化路径

本章为核心素养视域下高职英语混合式教学的实践优化路径，主要介绍了四个方面的内容，分别是从顶层设计层面构建校本课程体系、从教学内容层面实现教学资源共生共享、从教学实施层面进行有效的教学设计、从队伍建设层面实现教师能力提升。

第一节　从顶层设计层面构建校本课程体系

一、高职英语课程体系的构建理据

（一）课程设计的指导思想

课程设计（curriculum design）是一种重要的教育理念，它反映了当今教育思想的发展趋势，并且在实践中发挥着重要的作用。行为主义教育理念重视培养学生的创新能力，注重培养他们的实践能力，并且认为课堂应该以实际行动为导向，而不是仅仅停留在理论的探讨。人文主义教育理念认为，学生应该成为学习过程中的核心，他们应该积极地寻求知识，而老师则应该扮演指导者和合作伙伴，通过"自我实现"这门课程来帮助他们实现这一目标。皮尔杰的建构主义认知理论极大地推进了人文主义教育的发展，他强调学生主观能动性的重要性，并且为教育提供了更多的方式来构建知识体系。随着人文主义教育思想的普及，课程设计理念和方法也发生了巨大的改变，重点放在了对学生的人文关怀上，突出了个性化的发展，并且从一种动态的、不断演进的视角来看待教师与学生之间的交流。随着后现代主义思潮的兴起，它对传统的教育规则产生了深远的影响，强调个性解放和多样性，课程设计也从单一的目标设定和模式转变为"多元化、可供选择"，以此来体现构建意义，并且更加注重包容与开放的态度。过去一百多年来，课程设计的理念发生了巨大的变化，从结构性到科学性，从人本主义到批判性，从结构性到破坏性，从建设性到体验性。近年来，随着教育理念的多样化，许多研究人员开始将多种课程设计理论和方法结合起来，以满足不同的培养目标和学习者的需求。这种做法已经成为20世纪90年代的主流。在高职院校的英语课程设计中，我们既要紧紧围绕"连续性、顺序性和整合性的基本原则"，加强学生的核心知识和关键技能，又要积极探索创新，以适应国际化职场的发展，强调学生的核心素养和职场英语的运用，以达到学生的学习目标，同时也要把握学习的过程，着力培养学生的语言认知能力，使之具有分级、个性、多样、信息化的特点，以期达到《课标》的期望效果。

（二）课程体系构建的需求分析

高职英语课程不仅是一门专门的外语学习课程，它还包含了一系列专业课程，旨在培养具有专业技能的人才。制定与修订课程目标有三个依据：学生发展的需求、社会发展的需求和学科发展的需求。因此，在高职英语课程中，满足上述三个需求是构建课程体系的关键。

1. 产业国际化发展需求

2019年，《中国教育现代化2035》致力于推动立德树人的理念，着力培养学生的核心素养，推动职业教育与经济社会的有机结合，实现教育的全面发展。国家统计局数据显示18类产业/行业的外国直接投资流量在2012年到2020年间呈现出一种螺旋式上升的趋势，这表明我国的产业正在迅速走向国际化，并且对掌握外语的技术和技能人才的需求也在不断增长。在当今的全球经济环境下，高职院校必须积极适应产业国际化的发展趋势，以提升专业集群化水平。为此，高职英语课程将成为培养具有国际视野和技能的高素质人才的重要组成部分。

2. 多元生源与差异性发展需求

由于中国的经济增长，高等教育机构的招生方式变得越来越多样。自2018

年起，高职院校的学生群体已经从传统的普通高中学生、中职学生扩大到了退役军人、失业者、新兴劳动力、城市居民等多个群体。与其他人相比，这个人的英语基础更为扎实，但是他的能力却不够强。此外，高等教育机构的学生来自各个地区。由于英语教学的地域差异、城市与农村的教育差距，新生的外语能力出现了巨大的差距。显然，高职院校学生的英语能力与他们的实际需要存在差距，这给《课标》的教学带来了一个不容忽视的挑战。

3. 高职英语课程体系改革与创新的需求

《课标》是一部前所未有的指导方针，它旨在帮助我们更好地指导当前的高等职业院校的学生。"基础模块"和"拓展模块"是核心课程，它们能够更好地培养学生的综合能力，使他们能够更好地适应各种不同的学习环境。"基础模块的课程内容为职场通用英语"重点关注于培养学生的实际应用能力，并将其与职场环境相结合。"拓展模块"则涵盖了"职业提升英语""学业提升英语""素养提升英语"三门课程，旨在帮助学生获得更完整、更全面的英语学习经历，从而培养他们的英语核心素养。从宏观角度来看，上述要求为高职院校提供了有效的理论指导和实践参考，以构建完善的校本课程体系。

二、核心素养视域下校本高职英语课程体系构建策略

职业学校英语的校本课程应该具有如下的学科核心素养，即职业生涯的涉外交际，使学生能够在职业生涯的环境中，更好地利用英语的知识和技巧，更好地理解和表达信息、观点和情感，并能够进行有效的口头和书面交流。多文化沟通的目的，是为了认识、了解和尊重世界上的各种文化，加强对文化的信心，加强民族的认同感。能够运用英语在工作中及生活中，进行不同文化间交流。语言思考能力的提高，能够认识并了解把英语作为母语者的思考风格与特征，提高自己的思考能力和创造能力。通过自主学习，可以对自己的目标进行完善，同时可以进行自我管理，培养出良好的自主学习习惯，通过多种途径获取学习资源，可以有效、自主地进行学习，从而培养出一种终身学习的意识和能力。以下将从目标、建设原则、完善结构、实施方略等几个方面探讨课程体系建设的对策：

（一）设定高职校本英语课程体系的目标

现代课程理论认为课程的构建，既要以对需求的分析为基础，又要以对目标的分析为依据。以学校的学科定位和人才培养目标为依据，对具体课程进行研发，对教学内容和教学模式进行确定，然后进行课程评价，对课程实施效果进行检测。学校英语课程在宏观上应遵循《课标》的要求，在微观上应体现出独特的校本特色，满足学生的具体需求，并努力实现宏观需求和微观需求的有机结合，创造出一套有校本特色的英语课程。以教育部第一批"中国特色高水平高职学校和专业建设"中的一所IT类职业技术学院为例，其将英语课程设置为："围绕工业互联网产业集群人才需求，全面贯彻党的教育方针，培育和践行社会主义核心价值观，落实立德树人根本任务，进一步促进学生英语学科核心素养的发展，培养具有中国情怀、国际视野，能够在日常生活和工业互联网产业的职场中用英语进行有效沟通的高素质、复合型、信息化技术技能人才。"以此为教学目标。考虑到学生来源的多样性，我们参考《课标》中的"等级"要求，把以上的课程目标进一步细化，形成了"两个阶段，3+1个层次"的英语课程分级教学目标。

"两阶段"是指把一年级作为第一阶段，也就是基本阶段，把二、三年级作为第二阶段，称为扩展阶段。"3+1"是指在基本模块中设置三个层次的教学目标，在扩展模块中设置的三个层次，使其成为有针对性的教学目标。学生们在第一年的分类分层英语课程中，达到相应的课程目标。也就是不同层次的学生，可以在日常生活中，以及与工业互联网产业集群相对应的工作场所中，围绕基础模块课程内容所涉及的三大主题类别，以口语或书面的方式，分别实现"基本完成交际任务""较熟练地完成交际任务""非常熟练地完成交际任务"。在扩展阶段，可以设定三个并行式的个性化目标，分别是：在与工业互联网产业集群相匹配的工作环境中，能够更好地开展涉外交流的职业发展目标；能够达到个人的升学要求的学业提高目标，或者是能够满足个人兴趣爱好；提高修养、培养情操的职业发展目标。

（二）确立高职校本英语课程体系的构建原则

1. 思政融入教学过程，校内校外实践育人

《关于全面深化课程改革落实立德树人根本任务的意见》（以下简称《意见》）

于 2014 年 4 月发布，对"为谁培养人、培养什么人、如何培养人"作出了明确的回答，并提出了建立"学生发展核心素养体系"这一概念，从而促进了新一轮的课程改革与教育的发展。《意见》中有明文规定"课程是教育思想、教育目标和教育内容的主要载体，集中体现国家意志和社会主义核心价值观，是学校教育教学活动的基本依据，直接影响人才培养质量"。在《课标》中提出了将职业教育的核心素养与课程思政有机地融合在一起，是当前职业教育改革中亟待解决的问题。所以，校本课程体系必须将课程内容与育人目标结合起来，构建出"线上线下、课堂练习、课外实习"的课程育人实施路径，从而引导学生扩展国际视野，增强文化自信，建立正确的世界观、人生观、价值观，培养学生的爱国主义情怀和民族自豪感。

2. 服务产业需求，凸显职业特色

校本英语课程应按照《课标》的要求，根据学校教师群体的工作需要，设置职教英语和职教进阶英语，围绕"行业英语""职教英语写作""职教英语口语"等典型职场英语交流情景和交流任务，使学生全方位地了解和掌握与工作环境有关的语言文化，特别是涉外职场交流技巧、职场文化和公司文化等，以增强学生跨文化交流的能力，增强其文化自信，增强其在涉外职场中的语言交流效果。

3. 分类分层学练结合，满足差异发展需求

《课标》明确提出，"学生是英语学习的主体，英语教学要以学生为主体，以学习为中心，促进学生全面发展"，学校英语课程体系应依据学生所处的专业群体、所学的专业、刚入学时的英语水平等，确定分类分层的教学目标，确定分类分层的定义与衔接方式，建立分级的教学模式与方法，使之能够"充分尊重生源个性，适应不同的需要"。

《课标》中指出："教师要通过多种语言活动，让学生体验语言规律，充分调动和发挥学生学习的积极性、主动性和创造性。""组织丰富多彩的英语课外活动，营造良好的英语学习氛围；指导学生参加各类英语技能竞赛，使之成为英语教学的有机组成部分。"因此，在中学英语教学中，实践教学环节是必不可少的一环。为此，学校应充分利用信息化技术对英语实践教学的影响，依托学校和社会的网

上教学平台，针对课程内容，开发出大量英语学习和虚拟工作情境的数字资源，开展各种英语实践项目，开展"以赛促学"，创造出"体验性英语"的"学练合一""实践模块"，为学生开展个性化学习、自主学习、协作学习和探索性学习等提供更多的机遇和资源，从而达到"推动学生全面、个性化发展"的目的。

（三）完善高职校本英语课程体系架构

在《课程与教学的基本原理》一书中，美国教育家泰勒提出了"以课程目标为出发点，以课程内容为基础"的观点。以学校为依托，以"职业情景、实践主导、融合创新"为基本理念，参考"三模块、九类型"的英语教学方法，建立了"两阶段、三层次、三模块"英语教学方法。

"两阶段"与课程目标中的"两阶段"相对应。"三层次"是指每个专业组的学生，在入学英语测试结果的基础上，按照一定的分数线，将他们分成三个不同的等级，进行分级学习，从而达到基础、中等和高等的教育目的。"三模块"是由"基础模块""拓展模块""实践模块"构成的课程教学。课程的设计要以普适性为核心，以个性化为核心，开设"工作英语"（"基础模块"必修课）、"职业与职业能力提高英语"（"拓展模块"个人选修课）和"语言实践与应用模块"三个课程组。"网络教学"是一种以"网络教学平台""数字课程""数字学习资源"为主要内容的教学支持与扩展体系。课程体系将"核心素养"以及与课程内容有关的"课程思政要素"，从个体到整体，全方位地融入课程内容中，保证了课程能够"贯彻立德树人"原则，充分发挥其教育作用。

（四）高职校本英语课程体系的实施方略

1. 校本课程体系实施设想

"两阶段、三层次、三模块"的学校特色课程体系，要在符合《课标》要求的前提下体现分类指导，因材施教，使学生在完成"基础模块"和"职业英语"这两门必修课后，达到"专业一级"的毕业标准。针对有潜质的学生，课程系统还设置了"拓展模块"，使其在达到"共同的学习目的"的同时，也达到了各有所长的目的，从而达到个体差异化的发展。在具体的实施过程中，我们可以通过"三模块"来实现：

120

(1) 基础模块

"基础模块"中的《工作英语》是为这一阶段的英语专业的核心素质打下基础，让全体学生都能够达到英语学习质量一级的标准，并符合高等专科学校（专科）的毕业条件。本课程的讲授内容包括三个方面，即专业与个体、专业与社会、专业与环境。具体来说，在第一个阶段（一年级），每一届的新生都要进行一次英语等级考试，然后按照各个专业组的成绩，按照成绩高低顺序，设置ABC三个等级标准，按照不同的等级标准，将学生分配到C级基础班，B级中高级班，A级高级班。根据不同的教学目的，将与各专业群相对应的职场工作内容作为学习的背景，以职场环境为基础，进行分类、分层的教学，从而对学生的听、读、看、说、写能力进行全方位的提高。

(2) 拓展模块

"拓展模块"是在"基础模块"之后的一种进阶课程，在第二个阶段为二、第三年级的"不同专业，不同水平，不同兴趣的学生"在完成了基本模块之后，可以进行选择。其中，针对某一专业群的学生，还提供了"行业英语""工作英语应用写作"等英语培训；针对即将出国深造的学生，还提供了BEC、TOEIC等课程。

开设"学术提高英语"课程，如四级、六级、PETS。此外，学校可以为全校学生开设"英美名作鉴赏""英语演讲与口才""英美概况""中国概况""中国文化与习俗""英美影视视听说"等多种文学文化选修课，让学生对古代、近代及现代的文化、历史有更多的认识，从而提高文化自信，让学生能够用英语讲述中国的故事。

(3) 实践模块

"实践模块"以"learning by doing""learning by experiencing"等英语教学特点为核心，下设"英语课堂拓展""英语社区文化活动""英语技能比赛"三个专题。在教学过程中，营造一个与本课程内容相符的工作环境，让学生把课上学到的知识和活动延伸到课外，并以个人演讲、角色扮演、团体表演等方式，来完成一个阶段的报告，在做中学、学中学的过程中，不断地提升自己的语言运用能力和交际能力，使英语课内外、校内外、企业工作都能融为一体；鼓励学生成立英语俱乐部，进行中华文化的传承与弘扬、中外文化的交流，并组织学生参与各种英语、文化比赛，增强其英语应用及其他方面的技能。

"网络教学"主要由"网络教学平台""数字课程""数字学习资源"三部分组成。新《课标》对英语教学提出了探讨在信息技术条件下，如何实现教学方法的变革的要求。学校可以依据不同的教学目的，以智慧网络教学平台为基础，建立相适应的网上开放课程和资源库。一方面，网络平台与资源能够保证教师能够顺利地进行混合式教学；另一方面，也能够考虑到学生的学习习惯与方式，从而提高他们的学习效率。

2. 校本课程体系实践成效

这套校本英语课程体系是在近三年来经过了几轮的"头脑风暴"与"实践"所总结出来的，同时对它的设计思想与教学内容都进行了进一步的完善与充实。通过对该课程的评价，可以看出该课程达到了《课标》的基本要求，并获得了较好的教学效果。

首先，在毕业阶段，学生的英语运用能力比入学阶段有了明显的提高；大学生英语综合运用能力测验及格率有了较大幅度的提高，其及格率已经连续三年超过全省各高等职业技术学院的平均值。其次，采用分层次、分类别的"线上"与"线下"相结合的教学方式，最大限度地满足了各专业群体的个体化需要。线上课程的时空开放性和可复学性为学生制订个性化的学习计划和方案提供了一条有效的途径，更好地满足了学生在认知和学习风格方面的差异化需求，从而提升了学生的学习兴趣和内在动力。通过中国大学慕课、超星泛雅、FIF 口语训练系统等在线教育平台的大数据分析，发现学生在英语自主学习、自我管理等方面取得了显著进展。此外，通过智慧校园学生评价体系的问卷调查，发现英语课程的学习资源、混合教学模式、教学环境和老师的授课方式等都得到了很大的改善。学生对英语学习的看法发生了显著的变化，其获得感得到了很大的提高，学生觉得自身不但在英语学习上得到了很大的提高，而且在学习策略、学习习惯以及自我管理上也得到了很大的提高，进而有想继续学习英语的动机。

目前，我国许多职业技术学校的英语教育存在着生源多元化、英语基础差、需求个性化、培养与国家产业集群发展相适应的国际技术技能人才等问题，同时也是未来发展的新需求。通过对校本课程的初步实施，可以为我国其他高等职业技术学校的英语教学改革和校本课程的构建提供参考。

第二节 从教学内容层面实现教学资源共生共享

一、混合式教学资源开发现状

美国新媒体联合会在2018年发表的《地平线报告》中指出，世界范围内的高校对信息技术为学生带来全新的学习体验越发重视。混合式教学是指将线上、线下课堂教学有机地融合在一起，以取得事半功倍的学习效果。现代信息技术，尤其是"互联网+"为实现线上线下、课堂内外的融合，提供了有力的技术支持。在2011年，中国有超过两百万名教师参加了这一计划，超过三百万节的优质课程被创造出来。为了提升混合教学水平，我国已经在各种教学平台上开发了大量的微课和慕课等数字化教学资源来满足学生的学习需要。

当前的混合式教学资源发展更多的是把重点放在了利用信息技术这一工具上，将原来在教室里讲授的知识转变成了数字资源，使之成为移动端的数字教学资源，让学生可以在课前与课后进行学习，并帮助教师把信息技术的运用作为课堂教学的重点和难点。然而，要想让数字教学资源发挥预期的效果，就必须要让学生具备较高的自主学习能力和学习自律性。除此之外，现在所开发出来的大多数数字教学资源都是通过讲授、图表、习题练习等方式来教授、归纳、梳理和总结知识点，这些单调的数字教学资源很难引起学生的注意，进而难以达到预期的教学效果。

二、高职英语课程网络教学资源混合式应用思路

（一）调研学生动态需求，加大师生兴趣引导

混合式教学就是把信息技术与传统的教学方法相结合，建立一种现代的教学模式，它的本质就是在"互联网+"的条件下，以信息技术的优越性为基础，对

传统的课堂进行改造，使学生进行自主学习，并以此为着力点将混合式教学运用于高职英语教学中，充分认识学生的学习现状与困难，注重学生的自主学习与探究热情，采用因材施教、逐步递进的方法，培养学生英语学习的发散思维与创造力。

在高职英语网络教学资源的混合使用中，既要考虑如何引起教师和学生的注意，又要考虑采用什么样的方式，才能持续地满足学生的学习需要，从而改进教学方法，营造良好的课堂气氛。就教师的兴趣导向、对学生的关注程度而言，可以将英语课程的绩效评价与网络教学资源的运用相结合，在对学生的兴趣导向上，可以从营造一个良好的校园英语资源和信息发展环境等方面进行具体操作。

课堂教学前，教师利用SPOC在线教学平台安排教学任务，让学生通过观看教学录像，进行对语言文化的初步了解。在课堂中，教师和学生利用这个平台进行合作，实现学生的能力培养。例如，利用实时的人机互动软件实现情景沟通。课堂结束后，学生可以通过这个平台按照自己的需要来完成拓展任务。同时，教师与学生共同建立英语角、经典故事集等，可以丰富学生的日常生活，提高他们的语言表达和思考能力，成绩优异的同学会被推荐参赛并进行赛前训练，而获奖的成绩也会激发同学们对英语的重视。这样就可以形成一个良性循环，多信息平台协作、课程社团与比赛融合的混合式教学模式已经开始运作，同时还可以看到浸润式育人环境的初步效果[1]。

（二）合理利用新媒体，引导学生丰富学习模式

在"互联网+"的时代，高等职业学校的英语课堂教学，可以尝试结合在英语课内和课外。例如，通过微视频、微信公众平台、QQ群等，将重点内容的讲解和使用方法上传到视频中，并与学生共享，从而指导学生合理利用自己的时间，帮助他们掌握自己的学习进程，这些短片可以重复播放，这样可以有效地改善学生学习中存在的一些问题，使其在学习过程中掌握正确的学习方法。鉴于高等职业技术学院的特殊教育性质和培养目标，教师可以根据不同专业的英语学习需要

---

[1] 张崎静.基于"三全育人"的高职人文素质类课程混合式教学模式的构建[J].重庆电力高等专科学校学报，2022，27（1）：46-48，78.

和学习程度，设计出有针对性的微型课堂。对非英语专业的学生，教师可以根据不同专业的英语需求为学生制作英语运用的模拟短片，为其提供有针对性的素材，并对已有的材料进行补充，使学生能够独立地进行实践；对于英语专业的学生来说，教师可以通过提供特殊的、专门的英语训练方法，来实现英语课程的资源共享。在这一过程中，老师可以通过引导学生对自己将来的发展有一个清晰的认识，从而为其指明英语网上资源的检索方向，让他们在课堂之外可以自己去整合这些资源。

为了提高学生对网络教学资源的运用，老师们应该在平时的教学过程中密切注意学生英语学习效果的变化，及时发现并整理出他们遇到的问题，并利用微信公众号、校园英语在线学习平台等，对这些问题进行一对一的解答。为了营造一个良好的课堂学习氛围，老师可以指导同学们在教室里进行小组讨论和学习。教师对同学们的课堂实践进行指导和监督，对其课堂表现进行监测，并对同学们的学习结果进行分析，把讨论和分析过程录制成视频，附上评语，做成多媒体课件，上传到英语教学交流区，让学生和老师一起分享、评价、交流和欣赏；还可以将优秀的作品分享到老师的公共微博账号及微信公众号的朋友圈，以此来宣传学生的学习成果，并以此来提高学生的学习自信心以及共同研究的凝聚力。

（三）自主开发学习 App，完善资源应用平台

在进行英语教育改革时，有条件的职业学校可以鼓励和组织老师们研制英语教育应用程序，建设包括职业课程教学视频、试题、教案、课件、教学大纲和视频等在内的精品课程资源。当前，市场上有许多可以供高职英语应用程序开发的应用程序。例如，扇贝英语、百词斩、清华同方在线平台等。对于没有独立研发能力的职业学校，可以直接引进这类软件，并指导学生在课堂内和课堂外进行应用，从而使英语教学变得更加有趣。

网络资源的选取和建设是一个动态的、漫长的、必须不断丰富和更新的过程。因为各个职业学校所使用的教材不尽相同，所以在构建和共享各种类型的电子文本资源时，如试题库、课件、教案、教学大纲等都难以做到一致。另外，部分高等职业技术院校的英语网络教学资源也没有充分利用起来，有的甚至根本就不进

行更新。为了进一步完善英语课程资源，必须加强对课程资源库的日常管理，维护和更新。以"主题"为切入点，以"素质拓展+职教英语+基础英语"为主题，以流媒体、音频、视频、文字等形式，构建高职英语在线学习主题资源框架，以"职教英语课堂教学与交互结果+基本英语"为特色，综合开发出"情感教育"和"人文素养"等主题资源。

三、核心素养视域下高职英语课程网络教学资源混合式应用教学策略

在英语核心素养教育的大背景下，通过网络技术与情境创设相结合的方式，来实现英语课堂的灵活、直观、生动、有趣性等，从而激发学生的内在学习动机，达到提高英语教学质量的目的。因此，在提高硬件设施的同时，也要提高英语老师自身的素质，因为职业学校英语老师可以利用网上的教学资源，创造一个合适的课堂环境，将课本上的理论知识展现得栩栩如生，让学生能够更好地理解，并在脑海中进行精炼和升华，帮助他们建立一个正确的学习理念。

（一）加大英语教师专业能力培训力度

在高职英语课程中，资源如何选择、整合、利用、拓展和共享等方面，需要师生双方的通力合作。作为学生的引导者，教师自身的专业素质与能力，以及对高职英语课程的关注与控制程度，都将形成对高职英语课程的使用效果重要的影响。因此，高职院校应加强对英语教师的专业能力、教学理念、教学思维以及信息应用能力的培养力度，定期运用远程教育方式对教师进行专业培训考核。在高职英语课程网络教学资源开发应用方面，学校应加大对教师视频制作技巧的培训，使其善于运用微视频制作，鼓励教师参与高职英语课程网络教学资源开发交流会，增进教师间的交流。

（二）优化完善校园硬件设备

发挥高职英语网络教学资源的作用离不开相应的设备，而目前高职英语网络教学资源的使用方法还比较单一，主要是因为缺少科学、行之有效的教育观念，

加之基础设备、硬件等方面的开发程度还不够完善。例如，一些班级没有网络连接，还有一些班级不具备播放幻灯片的条件。由于教学设备的匮乏，这就必然会影响到师生对网络资源的选择与使用，而网络资源使用方式的单一也会对师生们选择使用网络资源的积极性和主动性产生影响。所以，在"互联网+英语"的教育背景下，高职英语的教学改革，必须对学校的硬件设施进行优化和改进，如建设信息化电教室、多媒体语音实训室、购置英语在线教育软件、便携式录播机、数码录像机、多媒体教学资源库、网络教学平台、现代信息技术环境等。

第三节　从教学实施层面进行有效的教学设计

在过去，我们的课堂教学基本上是以"一堂课"为闭环，在这个闭环中，学生必须在"一堂课"中完成学习任务。在很长一段时间内，采用单一的课时教学方式，老师很容易将一个特定的知识点讲得很细、很透彻，但这也会导致其在知识与能力等方面的素养出现脱节。与此同时，因为时间较短，许多体验和探究活动都很难进行，更别说是复杂或接近真实的语言环境的任务了。

核心素养要求学生有一个真实的问题情景，它要求学生能进行真实的体验和深入的探究，并在解决问题中逐步培养出核心素养。所以，要实现核心素养的目标，就必须以混合式教学的问题解决为核心，以较大的主题或项目为载体，以较复杂且综合性较强的学习任务为载体。这就要求学校按照素质教育的目的来设计课程。

一、设计教学核心目标

（一）确定核心目标

混合式教学法强调高效、有效地进行学习。那么，怎样进行教学设计，使学生在教学中投入最少，取得最好的学习效果？要解决这个问题就必须从学生的需要出发，确立明确的核心教学目标。核心目标并不是在传统教学中所熟悉的认知类目标，更不是知识、技能、情感态度三维目标，它是一门课程、一堂课的核心目标。在实施过程中，教师可以通过对"核心目标"的提炼，将其分解为"三个问题"，从而完成"三个问题"的设计。

本课最重要的是哪一点？

学生最想学到的是什么？

哪些是学生学习过程中的重点？

用 Unit 3 Shopping Text B Shopping mall or cyber-mall？为例，对于上述细化问题，老师给出的答案是：

使同学们能清晰地区分线上和线下两种购物方式的利弊。

同学们能够理智地选择合适自己的购物风格，并且能够使用与话题有关的词语来表达他们的看法。

学生对网络购物和实体商店购物的辨证分析能力。

在这三个答案的基础上，老师可以清晰地总结出课文 B 的核心目的，也就是要培养学生对网络购物和实体店购物的优缺点进行辩证分析的能力。

（二）细化核心目标

混合式教学为教学与学习带来了全新的内涵，在这个过程中，将学生放在了核心位置，教师要成为一个学习设计者和一个学习推动者，这样才能帮助学生获得具有个性化的学习体验。学校应该在教学系统的最上层进行交互式的教学设计，使其符合学生的学习特点，满足英语交际的需要，以具有较高实用性的语言环境作为载体，将生活与学习相结合，将微课与课堂教学结合起来，以提高学生的文化素质与语言交际能力。[①]

所以，在教学中，教师应以"以学习者为中心"来设计学习目标。具体来说，就是要把"细化目标"作为学生的主要产出，并在"细化目标"的基础上进行设计。以"魂"为中心，指导混合学习策略的设计、学习活动的设计和学习资源的设计等。

无论核心或细化核心目标，都可以在框架中找到。同时，不同维度的载体又

[①] 张崎静.基于微课程的高职高专英语交互式教学模式研究[J].湖北函授大学学报，2016，29（20）：168-169.

可以相互补充，发挥协同作用。Shoppingmall or cyber-mall？这一课程的具体教学目标是：提高学生对网络购物和实体商店购物利弊的分析能力；使学生在学习中能应用所学到的知识，并能在生活中解决问题；加强学生的口语交流和专题写作能力。

二、设计启发性话题和教学情景

在确定了主要的教学目标之后，进行具有启发意义的主题设计，然后进行教学情境的设置。启发式主题在教学中起到了连接教学核心目标和情境的作用。情境教学法是一种在课堂教学中经常使用的方法，主要用于激发学生的学习兴趣，创设任务情境等。重点在于以"核心目标"为导向，以"框架"为指导。

以支架理论为指导框架，围绕核心目标及其细化目标，来搭建同伴、素材、语言、思维支架，以帮助学生完成线上线下相关主题的学习。教师可以以单元或者课文主题为基础，来设计话题、创设情境、搭建多维度的支架，让学生在话题的启发下，在情境中受到感官的刺激，从而产生学习的兴趣。

课程中，怎样设计一个能激发学生进行产出式任务的话题？在教学实践中，笔者认为选题应该符合三个方面的要求：贴近学生生活，符合核心目标，具有较强的可操作性。然后在文本 B 中，提出了一个具有启发意义的主题："怎样才能使网络购物成为现实？"所构建的支架一是课前教师在 WELearn 平台上发布的网上购物的视频和文章，二是面授课中呈现的视频、图片、语言类表演活动以及主题词汇。这样的支架设计，既能吸引学生的兴趣，又能简化任务并维持目标。比如，为了让学生能够更好地了解到电商的情况，在课前安排了一个小组进行现场演出，并引用了大量的课前资料中所提供的相关词汇，让词汇的学习变得更加生动和有趣。

三、设计教学活动

教师在确定了核心目标这一关键基础上，通过设置情景，进行总体的教学活动的设计，为学生的学习目的建立支架。在对整个活动进行设计前，我们要重新审视以上所提及的精练的核心目标，也就是要实现这个核心目标必须要作出关键的输出活动。即将这一阶段的教学活动分解为具体的教学任务、教学支架以及精练的教学策略以协助学生完成关键输出。

构建支架是支架理论运用的一个重要环节，也是一个必不可少的核心步骤。高职生在学习过程中，当其遇到一些难以解决的问题时，往往会习惯于依靠随手可得的答案。在此背景下，教师应及时为学生建立一个有效的学习支架。支架的建造方法多种多样，所需要的材料也相对丰富。从方法上来说，有问题支架、对比支架、媒体支架、扩展支架等。文本、音频、视频、课外资料等，都可以作为支架的资源。比如，在教学 live streaming e-commerce（直播电商）的时候，老师可以利用图片来说明这个词的意义，通过构建一个图示支架，帮助学生更好地理解这个词，这个图示框架可以起到"引起兴趣"和"标注关键特点"的功能。

在教学中，要根据学生的认识水平进行相匹配的教育。从高职生的角度来看，支架设置不应过于困难，支架内容应易于了解，同时操作应简便。比如，在这本书中课前资源支架架设要紧扣中心目的，背景材料的选取不能过于繁杂。教师在备课时，要将培养学生对网上购物与实体店购物的辩证思维能力作为目标，从而放弃思政素材中有关培养理性消费观的内容。如此一来，资源支架可以发挥"维持目标"的作用。在课前安排以小组的形式进行角色扮演，就是要利用同伴建立合作支架来增加学生的参与度，为他们提供情感支持。

另外，在建设支架体系时，要注意线上与线下的互补。比如在课堂开始之前，在 WELearn 平台上提出问题：如果他是一个果园的主人，他会怎么做？请解释一下！在课堂上，这个问题支架被扩展到了写作教学环节，老师会让同学们分组讨论，纠正其对语言的错误理解，然后给他们看范文并引导他们理解范文，最后给其布置作业，在 WELearn 上提交自己的理解。在线下教学中，利用小组协作平台，为学生提供词汇和观点，共享资源，提高他们的参与热情。老师要在课堂上纠正和解释错误，为学生打下坚实的语言基础，在课堂上起到"示范"的作用。基于这些，在老师的引导下，或者是与有能力的同学进行协作下，能力较弱的同学也可以得到提升，从而提升他们的知识水平。

由此可以看出，在支架理论的指导下，混合式教学中学生是教学的主体，教师是推进者，同伴是合作者。通过教师和同伴支架可以帮助学生完成由旧知识到新知识的构建。

这篇课文的主要目的是提高学生的思辨思维能力。教师们在课前线上和课堂上都会针对这个问题，对学生的学习情况进行反复的测试。测试目的是考查学生对事物有无一分为二的辩证观。在上课之前教师会让学生利用线上平台先展开对自己自主学习的思考，然后再巧妙地布置一篇小作文，要求学生用文字将这些内容记录下来，整理好自己的思路，从而推动自己思维支架的搭建。在线上教学中，通过对问题的口头解答，不仅可以训练学生的语言表达能力，而且可以实现"标定重点"和"维持目标"的功能。

以堂课的核心目标为中心，整个教学活动的设计如下：在课前利用在线平台将预习任务输入进来，具体包括词汇、课文、写作、延伸阅读与思考题等；课堂上进行产出性的教学活动，包括朗读、小组活动、课堂笔记、教师指导等；下课后，在网上提交修改过的作业。

四、设计教学路径

"怎样才能更好地进行混合式教学"，历来被认为是混合式教学设计中的一个难题。造成这一问题的原因在于人们对"混合式教育"的研究还不够深入。对一线教师而言，混合式教学并不是单纯"照搬"或者"补充"基于信息技术的课堂面授，而是更多地关注学生在线上线下混合式学习情境中的个性化知识建构与创新知识获取。根据国内学者的研究，在大的层次上主要有"课堂主导型，授课型""课堂主导型，互动/协作型"。但是，微观层面的模式需要在教学活动设计的基础上来对其进行优化设计，即哪些活动应采用线上学习，哪些活动应采用线下学习。针对这一情况，在具体的教学过程中教师应根据学生的实际情况，选择最适合自己的、有效的学习方法，同时在不同类型的学习活动中相互呼应、相互支撑。

在面授之前一个星期，老师通过线上教学，在 WELearn 平台上发布一系列的课程：课前预习（字汇、课文、作文等）以及与核心目标相关的拓展阅读（角色扮演—直播带货、"消费扶贫"思考题）。要使学生认识到，课前线上作业旨在扩充学生的词汇量，训练学生的英语写作思维，激发学生的构思思维，为之后的线下教学打下良好的基础。

在面授课中，学生需要阅读课文，回答问题，老师利用 WELearn 的学习日志，对学习情况进行分析，为后续的教学活动搭建支架。之后，老师通过播放网上购物的短视频，让学生很自然地进入到网上购物的情境中。接着老师引导学生观看课前编排好的直播带货节目，以进一步激发学生的学习动机，充分进行情境创设。在 WELearn 上选择角色扮演节目，由一小组同学进行现场演出，使学生能更好地进入到所学的情境中。

互动支架为之后的课堂讨论提供了平台。由此可以看出，真实的学习情境不但可以提高学生的学习兴趣，还可以让学生对所学内容的价值有更深层次的了解，从而更好地激发他们的学习动机。

接着是小组辩论和小组讨论，以检查同学在课前 WELearn 平台所做的扩展阅读及思考问题情况。课前学生充分利用计算机、手机网络查找所需要的论证证据。正方和反方的学生利用课前自主学习笔记在课堂上进行热烈的讨论，并进行大量的旁征博引，使课堂上的气氛非常热烈，让学生们真切地感受到了自主探索、合作研究问题的乐趣。在合作式地完成各种目标明确的活动过程中，学习者之间会产生相互密切的联系和情感纽带。为解决高职生不好意思用英语表达问题，通过让小组每个人都做大约 20% 的测试，也就是要他们用两个以上的英语句子来表述自己的想法。由此，教师将注意力集中在线下课堂教学上，利用辩论活动等一系列学习支架，着重探究核心目标，培养学生对网上购物与实体店购物优缺点的辩证思维能力。除此之外，在学生们热烈的课堂讨论中，老师发现大家的兴趣点主要集中在网购的优点上。只有两名同学对网购存在的风险进行了深入的分析，并提出了相应的防范风险的建议。与此同时，老师为学生播放范文，并将学生的语言输出与其所出现的错误比较，对其进行了讲解和纠正。在此基础上，通过构建不同维度的支撑，聚焦于课程的核心内容，以达到线上线下互补的目的。

在课堂的最后五分钟，学生之间或小组之间进行口头形式的互评，教师利用 WELearn 平台的数据，对较好的产出学习成果、突出的及共性的问题进行评价。

下课后，学生被要求完善讨论的内容并写成作文，在 WELearn 上提交。这样，就能更好地促进学生实现核心知识的"内化"与"外化"。

在这场混合式教学实践中使用支架理论，而线上 WELearn 平台充当了连接支架的角色。达到线上，线下相互呼应的目的。课堂前后，学生可以通过 WELearn 平台完成作业；在课堂上，老师利用 WELearn 来完成对学生的作业质量的分析，并鼓励学生对网上公布的思考题进行深度的探索。而学生则可以利用线上教学资源，在自主探究的过程中完成对知识的构建，从而可以感受到自主学习带来的成就感，同时还能体会到所学内容的实用价值。

第四节 从队伍建设层面实现教师能力提升

能否贯彻实施新课程标准，最重要的是老师。要想提高学生的核心素养，最重要的也是老师。高等职业技术院校的实践性、职业化特征，为高等职业技术院校的英语教学指明了发展的道路，也就是高等职业技术院校英语师资的特点，既要有坚实的理论功底，又要与有关的产业紧密结合；既要有一定的理论素养，又要有丰富的实际工作经历。教师是发展职业教育的第一资源，是支持新时期全国高职教育改革的重要力量，而师资队伍的建设与质量的提升，与师资的专业化发展有着密切的关系。

一、英语教师专业能力的提升

身为一名教师，与学生最直接、最频繁的接触和沟通就是班级的教学，而班级教学正是班级中最显著的学科性和特殊性的地方。英语老师不应该局限在课本上，应挖掘课本的内涵和外延以及课本上的有关资料，拓宽学生的眼界，充实他们所学的英语，同时也要关注英语课程中最新的资讯，使自己的专业素养更加充实。此外，还要求老师具有较高的职业技能。在英语教学中，既要注重对学生的教学，又要注重对学生的听说读写翻译能力的提高。所以，在教学中，要注重"技能"的训练，就需要有一些特殊的教学技巧。例如，备课组织、分析讲解、提问启发、学习组织、指导提高和运用现代教学仪器等。

（一）英语教师专业能力分析

1.理论素养

对于英语新课程标准的理解，大多数老师都是理解的。而对于不理解的老师，怎样才能用新课程标准来引导英语课堂的实际操作让他们感到担忧。调查表明，仍有部分老师对英语的特征认识不足。从小学生的心理特征出发，小学英语应该具有浓厚的兴趣、较强的交际、较高的情景、较好的听力、较好的阅读和写作，因此老师们必须要强化教材中的知识，并不断地提升自己的实际操作水平。在课堂中，通常会采用哪些教学理论作为引导，并对任务型教学和合作学习等的认识，通过调查发现，大多数的老师都比较熟悉听说法、直接法、交际法、任务型教学与合作学习等教学理论，并且在实践中也比较熟练。然而，还是有部分老师对此不甚理解，并未在课堂上运用到实际教学中。基于这一点，我们应该在英语教学中，积极探索多种形式的课堂教学，使学生对英语产生兴趣，并能主动参与到课堂中来。在对学生的学习态度、努力程度、交流合作、积极参与等进行教学评估的过程中，大多数的老师都已经对有关的评估系统的标准有了相当程度的了解，并且具有足够的思考能力，但是仍然有一些老师忽视了这一点，而学生的学习态度、努力程度、交流合作表现、积极参与态度等都会对老师的教学设计、教学实施和教学效果产生最直接的影响。

2.教研能力

一篇教学论文指的是教师在自己的教育实践中进行的一次反省和总结，并不断地学习和积累自己的教学经验，从而对新的教育方式进行探索和研究。多写教研论文是提高教师业务水平的有效途径。通过研究，我们可以看到在教学过程中，备课、听课和评课是最常见的三种教学模式。很明显老师们已经养成了一种集中的、探讨式的研究模式，如阅读报纸文献、进行课题研究、听专题讲座等个体化的学习式研究模式，也是一种提升教学科研水平的极好途径。希望教师勇于投身教学改革，积极参与教研活动。谈反思性的教育。大多数的老师都很重视教学反思，这表明老师们已经认识到了通过教学反思可以提升自己的教学技巧和教育实践能力，而对于那些始终忽视了教学反思的老师们来说，他们应该加快步伐，跟上时代步伐。其中，教育方法与技巧的训练受到了广大教师的青睐。但是，教师们也应该明白，要想提升自己的专业综合能力，同样与课程标准、教材分析，以及学科及相关教育理论和语音、语法与相关基础知识等其他多种形式的培训和训练是密不可分的。目前高校教研工作中，还存在缺少创造性思维、缺少创造性思维、缺少写作能力、缺少理论指导、缺少教研意识的现象。从整体上来看，这是因为有的老师在某种程度上忽视了教学反思，忽视了教学研究，忽视了习得积累。针对教学研究中出现的问题，笔者提出了加强理论学习，巩固专业知识，更新教学观念，改进教学方法，加强教学反思，全面提升教学研究水平。

（二）英语教师专业能力的提升启示与策略

《纲要》中指出"严格教师资质，提升教师素质，努力造就一支师德高尚、业务精湛、结构合理、充满活力的高素质专业化教师队伍"。《纲要》提出，人才培养体制改革需要"遵循教育规律和人才成长规律，深化教育教学改革，创新教育教学方法，探索多种培养方式，形成各类人才辈出、拔尖创新人才不断涌现的局面"。可以看出，在国家的教育改革和发展计划中，对教师的职业素质有了清晰的规定，这就为高师院校对中小学教师的职前教育培养提供了一个新的方向和新的要求。

师范生，也就是职前教师，是基础教育的生力军，他们的素质和水平能力，必然会对未来基础教育的质量以及教育改革的效果产生影响。为此，高师院校要重视促进教师自身的职业发展，重视教师自身的发展，营造一种积极进取的竞争环境，为教师的职业发展提供一个良好的环境，搭建一个创新的平台，开辟一个向上发展的空间，从而开创英语教师的创新发展模式，推进英语课程的创新发展。

1. 加强理论基础，提升理论素养

第一，在制订人才培养计划时，应合理地设置理论与实践课程，使英语师范生具备现代化的教育观念，具备教育科学的专业基础理论、英语专业的基本知识、英语课程标准的内容、人文社会科学的知识、科学的教学方法、现代的教学手段、良好的道德素质，为解决我国中小学英语教育与科研的需求，为促进我国中小学英语教育与科研的发展，提供理论依据。

第二，利用竞赛课、示范课、研究课、汇报课、现场观摩课、听课评课、交流讨论、模拟练习等形式，让学生们对理论知识有更深层次的理解和应用，提升他们的分析和总结能力，提升他们的教学和科研能力，培养他们的动手能力。

第三，以考促学、以赛促学等方式，促进学生巩固自己的专业知识，备考、应考、反思，以及参加比赛等多个方面的学习与实践，促进学生们拓宽自己的视野，增加学科的知识，累积学习的收获，扩大教学的视野，激发对教师的热情，提高教学的整体素质。

第四，利用开展"读书工程"或"名著赏析"之类的阅读活动，鼓励师范生在一定时间内对教育理论著作、名人名著、优秀文学作品等进行定时、定量的阅读，并在此过程中，教师和同学们可以自由地发表自己的看法，让自己的观点得到充分的体现，这对加强教师们的理论素养，培养他们的文学情怀，充实他们的精神世界，增强他们的专业信仰是非常有益的。

2.加强研究学习，提升教研能力

首先，要鼓励高师院校学生主动参加各种不同层次的教学活动，并让高师院校学生参加老师进行的教学改革活动。以课题为导向，教师与学生一起努力，共同进步，实现双赢。在老师的引导下，师范生逐步提高自己的学习和科研水平，从而提高自己的学习和科研能力。

其次，学校要鼓励师范生积极地申报创新课题，鼓励他们在申报、研究、结题的过程中，从查阅资料、归纳总结、提炼总结等角度，不断地提升他们的理论学术素养和科研能力。

再次，师范生应在学校的引领下及时掌握学科前沿的新成果、新趋势、新信息，主动地写出自己的教学研究论文、学术论文、研究报告、社会调查、毕业论文等，掌握教育研究的方法，通过对文献的检索，收集资料，设计调查问卷，进行调查，对数据进行分析，找出问题，得出结论，最后完成论文的写作。

最后，要促使师范院校的学生积极开展教学反省，在分析教材、分析学情、设计教学、实施教学、评价教学等各个环节上，对教学方法、教学模式、教学经验、教学特点、教学成果、教学实践、教学科研水平等方面进行深入的研究，不断提高自己的教学科研水平。

二、英语教师教育实践能力的提升

在科技日新月异的今天，世界上的竞争愈演愈烈。一个国家的综合实力，主要是由其所培养人才的素质决定的。所以，每个国家都非常注重教育在一个国家发展中所起到的重大的战略作用，很明显，要想提升教育的质量，就一定要注重对老师素质的培养。教师的素质水平对其教育教学质量有很大的影响。所以，在高职院校中，如何在入职前提高教师的职业素养是非常重要的。

教育实践是对人进行自觉的培育的行为。从广泛意义上来说，是所有能够提高人的知识、技能、身体健康，以及使人的思维方式发生变化的活动。从狭义上来说，是一种有目的、有计划、有组织地对受教育者的身心进行教育和影响的活动。在教育实践中，教师是教育实践的主体；受教育者既是教育实践活动的对象，也是教育实践活动的主体；教育的内容、教育的方法、教育的组织形式，以及各类教育的设施和器材，都是教育实践的工具；接受过培训的人是教育实践的产物。

对于"教育实践活动"，学界有不同的界定。石中英先生对教育实践做了界定"行为人以'教育'的名义开展的实践活动"或"有教育意图的实践行为"。

从美国福勒提出的"关注研究"开始，国际上开始了对职业教育中的师资培训问题的探讨，但对职业教育中的师资培训问题并未引起应有的重视。直到20世纪80年代，人们对职业生涯中的教师教育实践能力的培养，才开始关注。经过长时间的摸索，并逐渐发展出了一套行之有效的职前教师培养模式，具体包括：基于问题学习、模拟实践、伙伴合作、微格教学和反思性实践等。

自2000年起，伴随着中国教育改革的不断深入，基础教育课程的不断深化，从师范教育到职业教育的转变，这对师范教育造成了严重的冲击，大学也越来越注重对师范学生教育与教学实践能力的培养。上海师范大学引进了"实习期、见习期、研习期"的教学方式。西南大学推行"双导师制"师范院校学生顶岗支教实践。河北师大的"实践支教"模式，使高校、师范生、农村基础教育和在职老师共同成长，达到了一个双赢的局面。

三、提升英语教师教育实践能力的策略

以社会经济发展需要和教育发展趋势为依据，针对师范院校在教育实践能力培养上的缺陷，立足已有研究，探索适合地方特色的"全程式"职前英语师资教学实习能力培训模式。

（一）以教促学

以英语教学为中心，以提升教师的专业能力为目标，从专业知识、专业技能、专业能力和专业情感等多个层面入手，培养教师的实际能力，并将基础的语言知识与专业的专业技能有机地融合在一起。对低年级的师范学生进行扎实的语言基础工作，注重微观技术，强化对基本技术和微观技术的培训和考核；加强对高年级师范生的实际操作能力和职业相关技能训练。

1. 课程设置改革

以经济发展和社会需求为基础，以就业形势为着眼点，在课程设置方面，学校给予了学生更多的选课空间，让他们结合自己的兴趣爱好，突出自己的个性，强化个人的职业技能和实践操作能力。学校在制定人才培养方案的时候，应对课程结构进行了改革，采取了递进式的培养模式；以单元为单位开设课程；将实践教学课程的比重提高到30%，并将选修课程的学分占比提高到20%～25%；开设英语视听说训练、英语口语训练、英语简单笔画训练、英语微操训练及英语课堂活动设计训练等实践训练项目，并在训练结束后确定训练目标，将训练内容及训练效果记录在训练笔记本上，对训练内容及训练效果进行分析与评价，以提高其对训练效果的认识及训练效果。此外，学校还应该加大对师资培训的比例，突出师资培训的特点，开展多层次、多形式的实习培训，从而有效地提升学生的教育、教学的实践能力。

2. 师范技能达标

根据本科人才培养计划的规定，师范教育技术达标是高师教育中一项重要的专业教学工作。师范技能包括语音、教学微技能、课件制作、课堂教学等几个方面。其中，小技巧有演讲、歌曲、书法（中英文粉笔字，钢笔字）和简笔画等。对师范生的成绩，必须按一定的比例进行，前三段没有达到标准的，要进行相应

的补考，同时也要在三年的时间内、教育实习前，先通过各种技能考试。在四年级的实习之前，教师需要通过授课技巧的测试。教师专业素质的培养和评价采取了"导师制"，由教师进行经常性的指导，并在最后进行教师专业素质的交叉评价。加强对师范院校学生的教育微技能的培训，从而全面提升教师的教育综合能力。

3.见习、实习、研习一体化

将见习期、实习期、研习期各阶段的工作相结合，对大学生进行四年的全程辅导、指导、训练和考核。每个学期都有对应的见习性工作，逐步进行。例如，班主任工作见习性，英语课堂教学见习性，教育教学调研，优质课竞赛录像及现场观摩，专家、名师及一线老师的授课等。在实习开始之前，需要开展一次校内见习和两次试课，各个指导老师会对师范生的教学能力展开一次交叉考试，考试通过的同学就可以开始教育实践，或者是顶岗实践。在实习回学校之后，要组织学生展开教育研究，对他们在实习期间的工作展开总结和反思，并将他们的优秀工作经验展现出来，将优质讲课和说课展现出来，最后将教研论文或调查报告写出来。

（二）以练促学

1.推行实践教学周

学校应每学期都要开展实践教学周，对不同年级的学生开展分类的技能培训和考试，并采取项目负责制的原则，确定专业负责人、年级负责人和项目负责人，语言能力培训在一年级进行；对二年级学生进行专项技术培训；三年级开展专业技术培训，以培养学生的实际动手能力和技能为重点。

在低年级，主要是开展培训类的实践活动，主要集中在语音训练、演讲和书法、简笔画训练等方向。高年级的学生主要关注下列方面的实习：讲座类包括教学设计讲座，教师资格证面试讲座，英语专业核心素质的研讨；训练类包括英语课间口语训练与背诵，英语专业核心素质的学习等；评估类包括英语教学设计比赛，英语课堂语言测试等；见习类包括参加省级、市级、区级中小学的授课比赛，到学校听课、评课等。

2.改革学习模式

对师范生的实践学习方式进行改革，提倡小组合作学习、同伴互评、基于问题的学习、反思性学习等，在教育实践能力的培养和培训的每一个方面都要贯彻这些学习方式。

在进行教师教育类实训课程的教学时，或是在课后，教师可以按照词汇、语音、口语、听力、阅读、语法、语篇、写作等类别，向学生们下达工作，或是提供一个段落材料，或设置一个情景，并对师范生进行分类和限定时间的教学活动设计，以及进行现场示范，或是进行模拟授课，这样可以对师范生进行主动活跃地思考问题、快速高效地解决问题、大胆踊跃地表达自我的能力进行训练。在课堂及课后工作中，可以要求师范生常态化自录授课视频，自己进行观看，并进行自评反思，进行调整与提高。在课余练习或者试讲时段，将班级中的师范生分成许多个3人或4人小组，要求师范生按照不同的分组进行讲课练习，在同伴之间相互点评的过程中，谦虚地接受并进行反思。出去观摩现场的优质课，或者在校内的课堂上观看优质课的视频后，师范生要按班级分组，对每节课进行集中评课，并将评课记录整理成一本书，便于教师的管理和教学资源的共享。

3. 加强合作交流

建立健全高师、地方政府和中小学的"三位一体"的合作教育体系，每年都要设立一批新的教育教学实习基地，创造一批师资教育创新实验区，强化高校与中小学之间的协作，并联合教育厅、教育局、教科所、中小学开展研究与训练计划。以所承办的各种培训项目为基础，增加师范生听课、观课、模课、研课、磨课、上课、评课等实习机会。对师范生进行大胆的教育，让他们能够在同课异构活动和教研活动中，并对其进行教学反思。通过对比和反思，让师范生认识到自己的长处和短处，进而提升他们的课堂教学技巧。

充分利用政府机构、社会团体和学生社团举办的各种义教和支教活动，为师范生提供更多施展才华的机会，让他们早日从虚拟教室走向现实教室，以自己的一技之长为社会作出贡献。

（三）以赛促学

1. 以竞赛为契机

鼓励师范学子积极参加全国、省级、区级、校级的英语和各种英语竞赛，包括词汇、阅读、写作、翻译，还有一些技巧类的比赛，比如唱歌、语音、演讲、朗诵、故事讲述、辩论、电影配音、课件制作、微课、板书、书法、戏剧表演等。在比赛前进行指导演讲，并由相应的导师进行专业指导。每年由学校举办的教师教学专业竞赛（含讲课、说课）、教案设计及课件设计竞赛。大赛共分预选赛和复选赛两部分，每一位师范生必须按班进行预选赛。有相当一部分的学生将会晋级到最后一轮，最后一轮的冠军将会出现在学校级别或区域级别的比赛中。而那些有资格参加高级比赛的学员，都会被派去接受专业训练。参加了高水平竞赛的师范生，在全院的学生会议上，进行经验分享，并进行心得体会，让教师和学生共同分享他们优秀的教学经验，并为他们的教育教学提供宝贵的经验。

2. 创设竞技环境

为培养具有较强动手操作技能的学生，学校要积极主动地为他们提供各种实习的机会。专业课教师在课堂教学和实践试讲的时候，要找到合适的时机，在所教的班级或所指导的学生中，进行小组或个人之间的小规模比赛，使师范学生在课堂上练习，随机应变，得心应手，培养学生的实践技能。不仅能提高学生的创新和竞争的能力，还能增强学生的合作和双赢的精神。

（四）以研促学

1. 参与科学研究

学校要对师范生进行教育，让他们能够在一定程度上拥有并逐渐强化自己的科研意识，指导他们跟踪学科新动态，关注学科前沿的信息。学校要激励师范生们，让他们主动申报学生科研项目，并参加导师科研教研项目，让他们在申报、研究、结题的过程中，学习科研方法，检索文献，搜集资料，阅读文献，设计问卷，开展调查，对数据进行分析，找出问题，对原因进行思考，提炼概括，总结归纳，最终得出结论，从而提升他们的理论水平和研究能力。

2. 教与研相结合

师范生要做到"教""研""思"，做到"教"和"研"的有机统一，互为补充。在对教材、学情进行分析，对教案进行设计，对教学进行实践、评价的过程中，师范生要不断地去探究、追求真理、钻研教法、研究问题、解决难题，总结出自己的经验，累积自己的收获，提高自己的教学能力和科研能力。

本章节从当前我国高等职业技术学院在提高教师教学实践技能方面所面临的一些问题出发，对"全程式"培训方式进行了探索，并提出了以教促学、以练促学、以赛促学和以研促学的教学方法，目的在于拓宽教学实习的方式，增强教学实习的效果，增强入职前英语老师的业务素质与业务水平，推动英语老师的教育事业可持续发展。

四、英语教师专业素养的培养策略

在中国特色的新时期，人们对平等和优质的教育提出了更高的要求。教师在学校建设中起着举足轻重的作用。在《关于全面深化新时代教师队伍建设改革的意见》中，对提高教师的职业素养和职业技能作出了详细的安排和计划，为提高教师职业技能提供了明确的方向和途径。构建一支高质量、专业化、创造性的师资队伍，迫切需要对职前培训、入职培训和在职进修进行强化，对师资队伍的规模结构、知识结构和学历结构进行优化，使师资队伍的专业素养和能力得到全方位的提高。本文就如何提高英语老师的职业素质进行了讨论。

（一）端正专业态度，立德树人

教师是世界上最光荣的一个职业，它承载着促进社会发展、促进人类发展的神圣使命。子曰："爱之，能勿劳乎？忠焉，能勿诲乎？"[1] 为人之师，应该严于律己，言传身教，树立榜样；作为教师，应该以教学为己任，以言行为己任。老师的一言一行，是老师职业操守、个性修养的体现。要让师范生拥有一颗坚强的事业心，确保其有强烈的荣誉感、高尚的道德品质、健康的性格。在所有的教育与教学中，都要让他们对老师这个行业有着深刻的认识，让他们学会热爱教师这个职业，全身心投入其中，勤奋工作；要用崇高的个性，和优雅的言语来培养高师教育；用宽阔的心胸去关爱生命，不要忘记自己的初衷。

（二）夯实专业知识，拓展知识

培养英语师范生具有现代教育思想，对教育科学、人文、社会科学等方面的

---

[1] 孔丘. 论语 [M]. 成都：四川天地出版社，2020.

基本理论有一定的了解，对英语课程标准的理解和英语的语音、词汇、语法等基本知识以及现代教育技术和学科教学方法有较强的认识，具有较强的职业道德修养，对中小学生的身体发育规律有较好的了解，对中小学进行思想品德教育有较强认识，对英语教学与科研有一定的指导意义，对英语教育与科研有较高的需求，对当地社会、经济的发展和基础英语教育的改革有较大的需求。

（三）加强专业能力，提升实力

从专业的实训课程教学，微观技能的训练与测试，以及多样化的专业技能比赛等方面，加强师范生听、说、读、写、翻译等五种主要的语言技能，从而提高英语的整体应用水平。通过"国培""区培"等多种形式的培养计划，与各级学校紧密协作，通过听课、看课、评课、见习、实习、研修等方式，加强对教师的教育研究，确保教师的教育科研工作成为一种有效的方式，以提升教师的教育专业水平。

第六章 核心素养视域下高职英语混合式教学的评价体系和保障条件

本章为核心素养视域下高职英语混合式教学的评价体系和保障条件，两个方面的内容分别为完善评价体系，重视增值评价；协同多技术和平台的支持，如 AI 技术、微信平台等。

第一节 完善评价体系，重视增值评价

一、增值评价在高职英语教学中的意义

（一）让学生看到自己的进步

增值评价的特点在于，关注一段时间内学生英语综合素质的变化，考查学生的英语学习效果。增值评价在尊重学生差异的基础上，聚焦其身心健康、成长进步、学习成绩与情感态度等方面的起点，更强调学生在一段时间内的能力变化与发展程度，有利于学生看到自己在长期努力下取得的进步，也会因此反作用于学生，激励他们不断向前进步。

（二）让社会看到教师的努力

一些资源相对缺乏的学校在与那些优质学校进行对比时，总是底气不足。增值评价，立足学生进步增幅，不以学生英语学习为唯一的评价指标，而是以学生的英语进步幅度为标准，评价学校与教师的教学效果，这对大多数薄弱学校来说，其努力与付出也会逐渐得到社会的认可。

（三）让学校按教育规律办学

增值评价要求学校与教师不能只关注那些英语成绩好的学生，要面向所有学生，关注他们的发展与进步。还要做到真正立足学生的实际英语学习需求，以此调整自己的教学策略，满足学生的个性化学习需求。

（四）让区域教育能均衡发展

优质教育资源大都流向高分数与高升学率的区域，久而久之，区域教育发展越来越不均衡。在增值评价的引入中，公平公正的教学效能评价体系让薄弱学校的英语教育得到了社会和家长的认可，在教育增值的分析中，也为区域教育改革提供了参考的依据，有利于促进区域教育的均衡发展。

二、增值评价在高职英语混合式教学中的具体落实

增值理念契合核心素养视角下高职英语课堂的内在发展机理，顺应课堂"学"之逻辑，引领着高职英语课堂的发展观。"增值"理念促进了英语课堂从"学科本位"发展观向"核心素养本位"发展观的转型，凸显了英语课堂的育人功能。英语课堂增值评价更加聚焦英语核心素养的培育，结合混合式教学的模式创新，关注英语学科的关键能力与语言表达能力，以及英语课堂学习过程中内化的思维、情感、兴趣和品格等。

（一）建立增值评价系统，完善英语评价体系

依据增值评价系统内容，大致应包括以下几个方面的内容：

1. 英语基线测评

其主要对学生在英语学习能力、英语发展能力、英语实践能力等方面进行综合测评，其目的在于洞悉学生的英语基础、了解他们的英语学习起点。基线测评还应根据学生不同维度的特征，采取适当的方法整体把握所有学生的英语学习情况，为后续的针对性教学奠定学习基础。

2. 学习过程监控

该部分的落实主要借助信息技术设备，在大数据的运用中，收集、整理学生

在英语学习过程中的变化,通过对这些数据的研究分析,找到学生们在整个英语学习过程中存在的共性与个性问题,助力教师转变教学方式,促使学生调适自身的学习行为。

3. 终结性测评

这一阶段主要是建立在一段时期的教学后,依据学生的英语进步情况、涨幅提升情况等指标进行测评,更全面地了解学生的英语进步情况。

4. 增值分析

主要是借助大数据了解学生在单词、语法、阅读、听力、口语、写作等方面的"起点"与"结果"等的学习效果对比情况,帮助教师作出更为精细、科学、量化与定性的分析。素质教育视域下,英语教学评价改革至关重要。除此之外,增值评价是评价教育体系的有机组成部分,强调建立增值评价指标并非全盘否定现有英语评价体系,而是在保留有价值内容的基础上进行符合实际的、科学的更新、完善与补充。

例如,在进行英语课堂教学的过程中,教师可以先对学生进行课前小测,记录下学生初始的英语水平,了解学生对英语语法、单词以及句型应用等方面的能力,从而把握学生的整体水平,进而对教师如何进一步有效开展后续的英语教学奠定基础。在接下来的课堂教学中,教师需要及时记录下学生的英语表现,多对学生进行单元或章节等的小测,并将小测结果录入电脑,在一段时间过后从其中抽取出数据进行分析,通过这样的方式,教师就可以清楚地了解在这一阶段教学中学生的掌握程度,并进行自己教学方式的调整,寻求有助于学生学习英语的方式。通过这样的评价体系,教师能够结合学生的实际情况进行授课,有助于提高学生对于英语学科学习的兴趣。同时在这个过程中,学生可以更加真切地感受到教师对于自己课程学习的关心,从而增加自己学习的动力,提高英语教学的效果。

(二)依据增值评价指标,考量英语教学增量

其一,依据学生成长与发展的规律与核心素养要求,将英语教学促进学生发展的增值评价指标大致分为学习能力评价、知识积累、知识运用能力等。另外,学校各英语教师还要依据英语学科各方面的特点开展教学,如用单词考查学生如何记忆；语法看学生对长难句的理解和分析；写作则主要针对模板化作文等内容，考查学生是否还存在死记硬背的现象。看学生是否掌握真正适合自己英语学习的方法，以个性化的评价，获取每个学生的基线测评数据。

其二，学校要组织专业的英语教师团队，在科学的教学手段方式下监督学生的英语学习进程，及时纠正学生在英语学习过程中存在的问题。

其三，学校各英语教师还要依照学生的身心发展规律设置评价指标，获取每个学期学生英语成绩的测评数据。

其四，其他学科教师也要积极参与到英语学科增值评价体系中来，结合其他各因素对学生英语学习增量进行客观、公正、科学、准确的评价，促使教师优化英语教学的评价体系，推动英语教学改革进程，并让学生真正认识自己，促使英语学习行为的发生，优化英语学习质态。

例如，教师可以在班级内成立学习小组，在每一次考试成绩出来后由教师进行学生错题分析，针对学生出现错误较多的地方进行重点标记，对每一位学生的学习成绩进行一次综合的评价，了解学生在本次考试过程中出现了哪些问题，对错题当初的理解是怎么样的，在进行听力时是否存在无法理解对话内容的现象，在完成阅读理解时出现障碍是由于词汇的缺乏还是对长难句的不理解。通过这样的教学评价，教师就可以对学生的综合学习能力有大致的估计。在对学生进行分组的时候参照相应的评价，将优秀的学生和成绩较为落后的学生分在一组，由成绩好的学生进行辅导，在这个过程慢慢弥补学习过程中存在的缺漏，对于提升学生的英语学习能力是极为关键的一部分。因此，教师在进行英语课堂教学的过程中，需要依据增值评价的指标，对学生进行有效指导，使学生能够正确地认识自己，从而优化自己的学习过程。

（三）按照增值评价原则，评判英语教学成效

首先，增值评价在英语教学中的运用也要结合英语学科的特点，强调学科的发展性和学生能力的提升，以此评价英语教学教育的成效。英语学科有其自身的学科属性，并在长期的实践发展过程中不断依据实际情况发生改变，生成了自己的考量维度。因此，在评价英语教学成效时，教师要尊重英语学科规律。例

如，当一个英语老师在面对一批新生的时候，学校首先应用较为成熟与基础的测评标准考量学生的单词掌握情况、英语的听说能力与基础写作能力等，并将考量结果及时告诉英语教师，让英语研究团队帮助教师一起分析学生在英语学习过程中面临的问题及解决的思路。其次，学校还要在一些监督与监控措施下关注学生的英语学习过程，及时发现问题、解决问题，并采取适当的方式告知学生，引导他们及时发现问题、解决问题，优化自身的英语学习思路，以期向更好的方向发展。最后，由学校组织的英语教师团队也要对学生的英语学习进行阶段性、周期性、终结测评，并将这些测评结果与起初的考量基线测评数据进行对比分析，以此形成增值性报告，并将其他评价指标纳入其中，对英语教学进行综合评价，这不仅反映了学生的英语学习成效，也使教师的努力让学校、学生与家长"看得见"。

（四）遵循增值评价要求，评价学生发展状况

在这一模块，我们主要从以下几个角度切入：

第一，英语教师要根据学生的个性特点与差异，尊重学生的英语学习实际情况，明确起点、聚焦过程、强调发展，在增值评价的六个维度中对学生进行基线测评，将测评结果以报告的形式呈现给学生和家长，并在教师、学生与家长的三方合力下，一起商讨下一阶段的英语学习计划。

第二，学校与英语教师要在信息技术的应用中对学生的英语学习进行动态监测，随时随地了解学生的英语学习进度，若发现问题要及时上报，以便及时纠正。

第三，学生在阶段性学习完成后，教师要运用科学且行之有效的评价手段在人文底蕴、科学精神、学会学习、健康生活、责任担当、实践创新等六个方面对学生在本阶段的学习进行终结测评，以终结测评与基线测评的数据对比，加之其他评价要素的融合开展对学生的综合评价，形成增值评价报告，让学生的自我成长、自我发展为学校"代言"。

例如，教师在学生学习的过程中，需要重视家校合一，教师及时向家长反映学生在学校的实际状况，课堂上的表现等，引导家长一起对学生的学习进行监督。

除了重视学生的课堂学习效果之外，还需要再重视学生对英语知识的综合运用能力。在这个基础上，学校可以构建英语实践基地，鼓励学生将课堂上学到的知识进行有效的应用，同时在应用的过程中对学生的表现进行阶段性的评价，使学生对自己的综合实践运用能力有大致的了解，同时教师在这个过程中需要起好关键的带头作用，开展对学生综合素质提高的活动，帮助学生不断发展，获取更高层级的英语学习能力。

第二节 协同多技术和平台的支持

在核心素养视角下，对高职英语混合式教学进行改革有助于实现人才培养目标，促进学生英语核心素养不断提升。本书以 AI 技术与微信公众平台为例，论述了高职英语混合式教学的具体改革方向。

一、AI 技术支持下的高职英语混合式教学

（一）AI 技术支持下的高职英语混合式教学的优势

1. 提升了学生自主学习的能力

AI 技术的发展大大地方便了学生学习，为学生自主学习带来了更多的可能性。以前，学生学习主要靠老师的课上教学，被动地接受知识。下课后遇到困难，不能够快速、有效地得到解决，这很大程度上影响了学生的学习。有了 AI 技术后，学生学习不仅可以通过老师的课上教学，还可以回到家里自己进行巩固、复习。

AI 技术的发展提升了学生自主学习的能力，使在家学习成为可能。AI 技术的发展让学生有更多的机会发现各个方面的知识，通过多个渠道学习和掌握。为学生学习英语提供了多个选择，提升了学生自主学习的能力，也提升了学生在生活中自主选择的能力。

2. 有利于高职英语口语提升

高职英语口语在当今贸易发展的时期，显得尤为重要，也是学生在校园里必不可少的一门学科。然而，部分学生存在不敢发音、发音不准确的现象。他们很

难快速地融入这一门语言中，加上平时使用较少，得到锻炼的机会不多，只能通过课上教学了解，师生之间互动少。这些都使得高职英语没有得到很好的发展。

AI 技术支持下的高职英语，显然多了更多的机会。学生有机会在课下对知识进行巩固，可以进行一对一口语练习，不用担心沟通交流问题。得到的锻炼多了，可以使学生更加自信，敢于发声。平时多进行练习，使英语口语得到了很大的提升。

3. 丰富了教学内容

AI 技术的引进为教学提供了更多可能，老师可以有更多的教学选择。丰富了课堂内容，也促进了与学生之间的交流。使得师生关系融洽，为教学发展作出了巨大贡献。

（二）高职英语实现 AI 混合式教学的方法

1. 教师备课的改变

要想实现 AI 技术与高职英语的结合，首先要从教学根源开始改变。教师进行 AI 技术下的备课，可以准备一些有趣的动画，插件知识，对课本知识进行拓展。还可以依照课本知识准备一些动手环节，增加师生之间的互动，兴趣教学。另外，老师可以根据不同学生的特点，为其制订线上学习计划，并定期对学习成果进行线上检查。

2. 课堂授课的改变

前面已经提高了对备课资料进行丰富，接下来就要将这些实现运用在课堂教学上。在课堂上，老师应该让学生融入进来。利用多媒体教学代替传统讲课的方式，课堂上将要学习的知识用动画的方式进行展现。也可以增加一些口语对话练习，看一些国内外采访，让学生在接受这个文化的基础上，学习这门知识，这样学生可以更快地理解与接受。

3. 学生课下的改变

在老师讲授之后，学生可以在课下自己进行复习、巩固。可以通过一对一练习的方式，进行学习。由于 AI 技术的引进，学生还可以对课上没有听懂的知识进行查询，课前巩固和课后复习。学生应该培养自主学习的能力，更好地利用 AI

技术提高自己，帮助自己。学生还可以登录视频网站，进行交流式学习。另外，为了确保学生的学习效果，老师还可以定期地进行线上知识掌握程度的检查。线下学生可以对自己所学知识进行检查，自主进行考试，总结目前学习进度，查找知识漏洞，进行专项突破学习。

二、基于微信平台支持下的高职英语混合教学

（一）微信公众平台在高职英语混合教学中的使用价值

1.扎实理解英语知识，提升学生的理解和运用能力

英语习得的过程中需要大量的输入来刺激学生产生印象，并且通过这种方式输出。英语学习本身是一个枯燥的过程，所以我们强调背诵、听力、记笔记、摘抄、做大量的准备。但是这一过程也会导致一些学生失去学习兴趣，降低学习的积极性。高职阶段和中学阶段不同，其学习模式更加自主化，但是如果采取传统的教学模式，学生单纯在教师的指挥下学习，很难提升自身的能力。如果将微信公众平台用于英语学习，打造一个互动的多媒体学习平台，在平台上进行总结性学习，来提高这些知识的学习效果。在整理、过滤、消化知识的过程中，微信公众号上多样的呈现方式，如图片、视频、超链接等工具可以进一步加深学生的理解。在记忆一个单词或有趣的俚语时，学生用一些对应的图片或有趣的视频，能更容易理解单词和句子的意思。图片记忆和输入的过程会进一步加强单词和图片之间的联系，让学生更容易记住这个知识点。

2.通过分享扩大英语学习范围，提升英语学习的广泛性

今天的技术使我们能够有更多的平台来展示自我，并抒发自身的感想，新媒体就是一个非常典型的平台，微信发展至今，已经成为一个多元化的平台，给予了学生展示自我、交流互动的机会，学生可以通过朋友圈了解到更多的信息，利用这种机制去学英语也更有成效。事实上，在当前也有这样的做法。例如，有的学生会利用朋友圈打卡背单词，某个学生坚持数日也会给其他学生产生鼓舞。如果班上有学生转发得好的英语学习文章，可以通过朋友圈传给更多的人。这样他们就可以在学习中利用这种传播效应扩大英语的学习范围，学生们就会尽最大努

力使他们分享的内容更加吸引人和有趣。虽然传播面比较窄，但总有学生从同学分享的文章中学到知识，并体会互助、分享学习的价值。

3. 有效检测学生的学习情况，促进学生的主动学习

微信平台可以是借助外来的平台，也可以是自己创立的微信平台。如果是后者，学生可以从接收方转换到分发方。当下，班级中部分学生也是微信公众号的创作者，如果将这种创作转移到英语学习中，就能有效提升学生的发展动能和学习的欲望。这样学生在搜索相关的知识、制作微信文章和分享链接的过程中，对自己的内容是经过认真思考的，因为首先为自己写，再和别人分享，学生在钻研某个知识点的时候也更加仔细。故而原创的每篇文章都需要经过学生的认真思考，这不仅是学生是否掌握了英语知识的考察，也是一种促进学生主动学习的手段。学生思维清晰，分析逻辑清晰，才能实现有效的总结和知识的整合。

（二）基于微信公众平台的高职英语混合教学模式构建思路

1. 课前预习阶段

高职院校英语学习主要是以了解外部知识、促进学生全面发展等为实践目标。教师需要根据每一堂课的教学目标，制订全面的教学规划，并整合教学内容进行教学设计。教师在课前需要对教材进行详细的分析，了解在这一堂课中主要讲解了什么样的知识点，讲了什么主题，然后利用微信公众平台进行预告，或在微信群中推送相关的微信文章。例如，如某一章讲解了本地文化，就可以让学生看一些本地文旅公众平台发表的文章，加深学习的印象。看完之后在文章末尾给出学习问题和自主探究的任务，让学生根据课本和网络上的知识进行第一遍自学。在上课的前几分钟，教师可以给出一份小的测试题，掌握学生的预习情况，了解学习效果。

2. 课上学习阶段

课上学习的过程主要以解决问题为主，教师划分学习小组，以学习小组为单位，对在预习阶段的英语课程学习中存在的问题进行沟通，注重探索和解决学生存在的问题，突出学习的重难点，提升小组探索难题的能力。为了提升小组合作的效率，在小组讨论期间教师可以随时解答，学生有问题及时咨询老师、与老师

互动，推动问题解决。根据学生英语课程准备的实际情况，分析学生理解和应用中常见的问题，并将课前预测与学生在课堂上的实际表现相结合，进一步明确教学重点，提高英语课程预习的针对性。其次，教师根据学生易产生的重点难点位置和问题产生原因进行分析，定向优化课堂教学，通过创造情境、扮演角色、分组交谈等方式对其进行进一步启发和培养。最后，对于学习困难的学生，教师可以提供个性化的指导，促进学生知识体系完善，让学生自信、主动配合、合作沟通，大胆展示，让整体的英语课程环境灵动起来。

3. 课后巩固阶段

在该阶段，教师可以将网课上传到特定的微信公众平台上，本堂课的课件、练习题等按秩序整理并上传，以"大学英语某册 UnitX 课上资源"为标题上传，方便学生复习。如果是口语课、写作课等，可以将优秀的学生作品上传，如口语课上的学生对话视频、写作课上学生一手漂亮的文章等，在上传视频、图片的时候，可以以"写作课—××优秀作文赏析"等名称上传，让整体的文章更加有逻辑、清晰。教师需要总结课上学生学习的情况找出其在哪个方面有所不足，并定向选取优秀的网课资源供学生学习。此外，教师需要不断拓展学生的学习面，尽可能多地给学生提供学习资源，如给考研的学生推荐"考研英语黄皮书"等优质的微信公众号，对于有英语提升和发展需求的学生，推荐"北民大英语趣微学""英语学习笔记"等优质的订阅号，对一些想了解外国文化和发展史的学生，多推荐一些相类似的账号，或者直接在微信群聊中分享。

参考文献

[1] 刘红，刘英，潘幸.英语核心素养与英语教学[M].长春：吉林人民出版社，2021.

[2] 常生龙.核心素养与学习的变革[M].上海：上海教育出版社，2020.

[3] 李文辉，付宜红.基于核心素养的深度学习[M].重庆：西南师范大学出版社，2022.

[4] 中原名师培育工程项目办公室.核心素养 基于学科的思考与实践[M].郑州：大象出版社，2022.

[5] 李学书.指向核心素养的课程整合[M].福州：福建教育出版社，2020.

[6] 王九程.信息化时代高职英语教学研究[M].长春：吉林人民出版社，2020.

[7] 赵盛.高职英语教学方法与改革研究[M].长春：吉林人民出版社，2020.

[8] 黄华.大数据背景下高职英语教育教学创新研究[M].长春：吉林人民出版社，2021.

[9] 刘莉.新思路高职英语[M].西安：西北大学出版社，2014.

[10] 王娟.高职英语教学与教师职业能力培养研究[M].沈阳：辽宁大学出版社，2021.

[11] 蔡兰珍，费晶晶.基于学科核心素养的高职英语教师专业发展路径探讨[J].西北成人教育学院学报，2023（2）：24-29.

[12] 曹霞.核心素养视域下高职英语教学生态系统的构建[J].三门峡职业技术学院学报，2023，22（1）：68-73.

[13] 陈冰.基于核心素养培养的高职英语课堂教学研究[J].太原城市职业技术学院学报，2023（2）：172-174

[14] 武奇.核心素养培育下的高职英语教学优化路径[J].海外英语，2023（2）：229-231.

[15] 张艳梅，刘玉梅，邓斌.基于核心素养培育的高职英语混合式教学模式研究

[J].科教导刊,2023(2):58-60.

[16] 王艳丽.高职英语阅读教学中核心素养的培养策略[J].英语广场,2023(2):133-136.

[17] 李媛媛.核心素养视域下的高职公共英语教学改革与创新研究[J].柳州职业技术学院学报,2022,22(6):147-151.

[18] 张清.核心素养视阈下智慧课堂推动高职公共英语教学改革的路径[J].新疆职业大学学报,2022,30(4):39-42.

[19] 李志伟.高职英语学科核心素养培养路径探讨[J].中国多媒体与网络教学学报(上旬刊),2022(11):221-224.

[20] Zhang Q.An Automatic Assessment Method for Spoken English Based on Multimodal Feature Fusion[J].Wireless Communications and Mobile Computing,2021.

[21] 李墨.高职生的英语学习兴趣提升策略研究[D].南昌:南昌大学,2021.

[22] 崔妍.核心素养视域下高中英语翻转课堂教学模式应用研究[D].济南:山东师范大学,2021.

[23] 曲晨晖.高职院校公共英语课程教学现状与策略研究[D].石家庄:河北师范大学,2021.

[24] 唐丽.高职教师信息化教学创新素养的养成研究[D].南京:南京师范大学,2021.

[25] 智文静.高职院校英语教学质量评价现状与对策研究[D].石家庄:河北师范大学,2020.

[26] 邓柳洁."翻转课堂"教学模式下高职学生英语学习动机研究[D].长沙:湖南大学,2020.

[27] 桑雷.高职学生职业核心素养及其培养研究[D].南京:南京师范大学,2020.

[28] 谢芬芬."互联网+"背景下高职学生英语应用能力培养的研究[D].广州:广东技术师范学院,2019.

[29] 陈娟.基于翻转课堂的高职英语教学模式构建的研究[D].南昌:江西科技师范大学,2017.

[30] 杨小康.高职院校英语教学评价研究[D].咸阳:西北农林科技大学,2017.